Nietzsche

CB121204

A Genealogia da Moral

NIETZSCHE

A GENEALOGIA DA MORAL

Tradução
Antonio Carlos Braga

Lafonte

Título original: *Zur Genealogie der Moral*
Copyright © Editora Lafonte Ltda., 2020

Todos os direitos reservados.
Nenhuma parte deste livro pode ser reproduzida sob quaisquer meios existentes sem autorização por escrito dos editores.

Direção Editorial *Sandro Aloísio*
Organização Editorial *Ciro Mioranza*
Tradução *Antonio Carlos Braga*
Diagramação e Capa *Eduardo Nojiri*
Imagem *Eugene Ivanov/ Shutterstock.com*
Revisão *Nazaré Baracho e Suely Furukawa*
Produção Gráfica *Giliard Andrade*

Dados Internacionais de Catalogação na Publicação (CIP)
(Câmara Brasileira do Livro, SP, Brasil)

Nietzsche, Friedrich Wilhelm, 1844-1900
A genealogia da moral / Friedrich Wilhelm ; tradução Antonio Carlos Braga. -- São Paulo : Lafonte, 2017.

Título original: Zur Genealogie der Moral.
"Texto integral"
ISBN 978-85-8186-259-0

1. Ética 2. Filosofia alemã 3. Nietzsche, Friedrich Wilhelm, 1844-1900 I. Título.

17-11769 CDD-170

Índices para catálogo sistemático:

1. Filosofia moral 170

Editora Lafonte

Av. Profª Ida Kolb, 551, Casa Verde, CEP 02518-000,
São Paulo-SP, Brasil - Tel.: (+55) 11 3855-2100,
Atendimento ao leitor (+55) 11 3855- 2216 / 11 – 3855 - 2213 – *atendimento@editoralafonte.com.br*
Venda de livros avulsos (+55) 11 3855- 2216 – *vendas@editoralafonte.com.br*
Venda de livros no atacado (+55) 11 3855-2275 – *atacado@escala.com.br*

Índice

ÍNDICE

Apresentação

A *Genealogia da Moral* é um questionamento não somente das origens da moralidade na história do homem, mas também de sua aplicação em todos os atos do ser humano. O binômio bem e mal, bom e mau surge de alguma maneira por influência de interesses. Quais seriam esses interesses? Aqueles de um poder dominante? Aqueles de uma classe que se considera superior, para estabelecer e expandir seu domínio sobre outra, classificada como inferior?

A falta, o pecado, o erro, enfim, seriam decorrência realmente de uma má ação ou de um conceito que procurou inserir no pensamento humano um sentido do que é bom em si e, em decorrência, de algo que, em contraposição, é mau? O bom e o mau como atos existem em si como consequência da existência de uma consciência boa e de uma consciência má ou seriam simplesmente figuras inventadas pelos espíritos que se consideram superiores para poder escravizar os espíritos inferiores?

Não teria sido em consequência dessa vontade de poder de alguns que foram inventados os conceitos de falta, de pecado? Em outras palavras, a moral como classificação de tudo aquilo que representa o bom e de tudo aquilo que representa o mau não parece significar senão um poder que pretende se impor em detrimento dos mais fracos, dos espíritos inábeis, daqueles que necessitam ser guiados ao percorrer o caminho da vida, ao trilhar as sendas da vida que possam conduzir a um bem-estar, a uma alegria sofrível de viver ou a uma felicidade plena. O ideal de ascese, de repressão das paixões e dos sentimentos menos nobres, não passaria de uma manipulação dos mais fortes para exercer seu domínio sobre os mais fracos, inventando uma religião e um estilo de vida capazes de reprimir o erro, a falta, o pecado, em nome de uma felicidade futura, situada num além inatingível neste mundo, mas fixado como prêmio no outro.

Para conseguir inculcar no homem todos esses princípios fabricados a partir de uma vontade de poder de alguns, surge a moral que distingue não-valores de valores ou a inexistência de valores diante daquilo que deve ser realmente considerado e tido como valor. A todos os conceitos que envolvem esses elementos de vida, de busca por um sentido da vida, são aferidos valores morais ou uma moralidade. Mas por quem? Por quem tem verdadeiramente autoridade para isso? Ou por quem quer simplesmente dominar os outros, seja por meio de princípios físicos, psicológicos, religiosos?

A *Genealogia da Moral* procurar responder a todos esses questionamentos, de uma forma direta, forte, contundente, bem ao estilo de Nietzsche.

Ciro Mioranza

A Genealogia da Moral

Prefácio

1

Nós, os pesquisadores da área do conhecimento, nos desconhecemos mutuamente. Isso tem seu motivo específico. Nunca nos procuramos, como haveríamos de nos encontrar algum dia? Com razão foi dito: "Onde estiver vosso tesouro, aí está vosso coração." Nosso tesouro está hoje como que nas colmeias do conhecimento. Para essas colmeias nos dirigimos, como laboriosas abelhas que levam o mel do espírito, e de coração só nos propomos "levar" alguma coisa. No que diz respeito à vida e às assim chamadas "experiências de vida", quem dentre nós se preocupa a sério? Ou quem tem tempo para isso? Semelhantes assuntos jamais cativaram, desconfio, nem nosso interesse, nem nosso coração, nem sequer nossos ouvidos. Mas assim como um homem distraído e absorto acorda sobressaltado, quando o despertador bate com força as doze horas do meio-dia a seus ouvidos, se pergunta "O que foi que aconteceu?", assim também nós, depois dos acontecimentos, perguntamos, totalmente estupefatos e desconcertados: "O que está acontecendo conosco? Quem somos realmente?" E depois contamos, como foi dito, as trêmulas horas de nossa experiência vivida, de nossa vida, de nosso ser, ai de nós! Nos enganamos na conta... É que somos precisamente estranhos a nós mesmos, não nos compreendemos, temos que nos confundir com os outros, estamos eternamente condenados a esta lei: "não há ninguém que não seja estranho a si mesmo"; nem a respeito de nós mesmos somos "homens de conhecimento".

2

Minhas ideias sobre a origem de nossos preconceitos morais – porque este é o tema desta obra de combate – haverão de encontrar sua primeira expressão lacônica e provisória na coletânea de aforismos rotulados, cujo título é "Humano, demasiadamente humano, um livro para os espíritos livres". Comecei a escrevê-lo em Sorrento, durante um inverno em que pude demorar-me, como se demora um viajante, para abranger com um olhar o vasto e perigoso país que meu espírito havia percorrido até então em suas viagens. Era o inverno de 1876-77, mas as ideias são de época mais antiga. Eram já substancialmente as mesmas que as expressões usadas nos presentes livros; espero que, em tão grande intervalo, tenham ganho em maturidade, em clareza e em plenitude! O fato de eu as reter ainda, tendo-se coligado cada vez mais entre si a ponto de se entrelaçarem e de se fundirem, reforça a feliz segurança que possuo de que não nasceram ao acaso, esporadicamente, mas que brotaram de uma raiz comum, de uma vontade fundamental de conhecimento, que governa e dirige as forças mais íntimas e que fala com uma linguagem cada vez mais nítida e requer conceitos cada vez mais precisos. Esse é o único modo de pensar digno de um filósofo. Não temos o direito, por qualquer motivo, a viver isolados. Não nos é permitido enganar-nos nem encontrar a verdade por acaso. Pelo contrário, assim como é necessário que uma árvore dê frutos, assim nós frutificamos nossas ideias, nossos valores, nossos "sim", nossos "não", nossos "se", nossos "como" que se desenvolvem, todas aparentadas e relacionadas entre si, como testemunhas de uma vontade, de uma saúde, de um terreno, de um sol. – Serão de nosso gosto esses frutos de nosso pomar? – Mas que importa às árvores? Que importa para nós os filósofos?

3

Por um escrúpulo que me atraía – refere-se nomeadamente e sobretudo à moral, ao que hoje se costuma considerar como moral – um escrúpulo que apareceu em minha vida tão cedo, tão espontâneo e tão irresistível, moral então contrária à minha juventude, origem e ambiente, que quase lhe poderia chamar o meu "a priori" – minha curiosidade e minhas suspeitas tiveram que parar diante desta pergunta: "Qual é definitivamente a origem de nossa ideia do bem e do mal?" Aos treze anos este problema já não se afastava de minha mente: na idade em que "Deus e os brinquedos da infância enchem meio a meio o coração", consagrei a esta questão minhas primeiras brincadeiras literárias, minhas primeiras tentativas de escritos filosóficos. É claro que a solução do problema estava em Deus, a quem passei a considerar o pai do mal. Porventura meu "a priori" exigia tal conclusão? Foi a esse novo "a priori" imoral, ou pelo menos imoralista, e à sua expressão, o imperativo categórico tão antikantiano, não enigmático a que sempre prestei ouvidos e não somente ouvidos?

Felizmente aprendi rapidamente a distinguir o preconceito teológico daquele moral e não me preocupei mais em procurar a origem do mal para além do mundo. Alguma educação histórica e filosófica e certo tato inato, delicado para questões psicológicas, depressa transformaram meu problema neste outro: De que modo inventou o homem essas apreciações "o bem e o mal"? E que valor têm em si mesmas? Foram ou não favoráveis ao desenvolvimento humano? São um sinal de calamidade, de empobrecimento, de degeneração da vida? Ou indicam, pelo contrário, a plenitude, a força e a vontade de viver, seu valor, sua confiança, seu futuro? Encontrei várias respostas, consegui distinguir tempos, povos e classes de indivíduos; especializei meu problema e as respostas se transformaram em novas perguntas, perquirições, conjeturas, probabilidades, até que, finalmente, conquistei uma terra, uma região própria, todo um mundo ignorado em plena florescência e crescimento, semelhante a um jardim secreto, de cuja existência ninguém poderia ter suspeitado... Oh! Como somos felizes, nos que buscamos o conhecimento, quando sabemos calar por algum tempo!

4

O primeiro impulso que me levou a publicar algumas das muitas hipóteses sobre a origem da moral foi a leitura de um opúsculo claro, límpido, inteligente, com sagacidade de velho; um livro que, pela primeira vez, me apresentava um tipo inglês puro de hipóteses genealógicas controversas. Esse livro me atraiu com aquela força que possui tudo quanto nos contradiz, tudo o que nos parece antípoda. O título do livro era "Origem dos sentimentos morais"; seu autor, o doutor Paulo Ree; o ano de sua publicação, 1877.

Talvez nunca tivesse lido algo que despertasse minha contradição com tanta energia, frase por frase, tese por tese, como esse livro, sem dissabores, sem impaciência. Na obra já mencionada, e que então estava preparando, aludo, com propriedade ou não, às teses desse livro, não para refutá-las – porque, que teria eu que ver com refutações! – senão, o que convém a um espírito positivo, para substituir o improvável pelo mais provável, e talvez a colocação de um erro por outro erro. Foi então que vi, como já disse, com clareza essas hipóteses sobre as origens, às quais são consagrados esses tratados, com falhas, como eu em última análise sob elas poderia me ocultar, ora sem liberdade, ora sem uma linguagem específica para essas coisas e com repetida reincidência e oscilação. Veja-se, por exemplo, o que digo em meu livro "Humano, demasiado humano" (p. 51), sobre a dupla origem do bem e do mal (especialmente na esfera dos nobres e dos escravos); de igual modo, na página 119 e seguintes sobre o valor e a origem da moral ascética; e ainda, nas páginas 78 e 82 do volume II, sobre a moralidade dos costumes, tipo de moral bem mais antigo e mais primitivo que se afasta *toto coelo* do modo de avaliação altruísta (do doutor Rée, como todos os estudiosos ingleses de genealogia da moral encaram a avaliação moral em si); e também na página 74 O viajante, na página 29 Aurora, na página 99 em que explico minha teoria sobre a justiça considerada como equilíbrio de poderes iguais (o equilíbrio como pressuposto de todos os contratos, por conseguinte, de todo direito); e ainda na página 25 de O viajante, sobre a origem do castigo, cujo caráter essencial e primordial não foi a intenção de inspirar terror (como pensa o doutor Rée – que lhe parecem mais, ao contrário, sob determinadas circunstâncias, e sempre como algo acessório e adicional).

5

No fundo, o que me propunha na época era alguma coisa mais importante que a construção de hipóteses próprias ou estranhas sobre a moral (ou mais exatamente, somente em vista de um objetivo, com relação ao qual isso constitui um meio entre muitos outros). Do que eu tratava era do valor da moral e sobre esse ponto não tinha que me explicar senão a meu ilustre mestre Schopenhauer, a quem se dirigia esse livro com toda a sua paixão e sua secreta oposição (porque cada livro é um escrito de combate). Tratava-se particularmente do valor do altruísmo, do valor dos instintos de compaixão, de negação de si, de abnegação que Schopenhauer embelezara, divinizara e elevara a áreas sobrenaturais, tanto que chegou a considerá-los como valores em si, nos quais baseou sua negação da vida e de si mesmo. Mas precisamente contra esses instintos surgia em mim uma desconfiança cada vez mais clara, um ceticismo cada vez mais profundo. Neles via exatamente o grande obstáculo da humanidade, a mais sublime tentação, a sedução que a conduziria para onde? Para o nada? Neles via o princípio do fim, a imobilização, o cansaço que olha para trás, a vontade que se rebela contra a vida, a última doença anunciada por sintomas de ternura e de melancolia: compreendia sempre mais que essa moral de compaixão, que não cessava de ganhar terreno, que até mesmo infectava os filósofos e os tornava doentes, como o sintoma mais inquietante de nossa cultura europeia, o sintoma de seu regresso ao budismo? A um budismo europeu? Ao niilismo?... Entre os filósofos, esse exagero da piedade é efetivamente coisa nova; até hoje os filósofos estiveram de acordo sobre o não-valor da piedade. Basta citar Platão, Spinoza, La Rochefoucald e Kant, quatro espíritos tão diferentes quanto possível entre si, mas unânimes num ponto: o desprezo da piedade.

6

Esse problema do valor da compaixão e da moral da piedade (sou adversário do vergonhoso sentimentalismo que hoje predomina) parece ser, à primeira vista, uma questão isolada, uma interrogação à parte; mas quem se detiver um pouco, quem souber interrogar, verá, como aconteceu comigo, abrir-se uma formidável perspectiva nova, uma possibilidade que se apoderará dele como uma vertigem, dele se apoderarão as suspeitas, as desconfianças, as apreensões; vacilará sua fé na moral, em toda moral, e por fim uma nova exigência se fará ouvir. Necessitamos de uma crítica dos valores morais e, antes de tudo, deve-se discutir o valor desses valores e por isso é totalmente necessário conhecer as condições e os ambientes em que nasceram, em favor dos quais se desenvolveram e nos quais se deformaram (a moral como consequência, como sintoma, como máscara, hipocrisia, enfermidade, equívoco; mas também a moral como causa, remédio, estimulante, inibição, veneno), como certo conhecimento que nunca houve outro igual nem poderá haver. Era um verdadeiro postulado o valor desses valores, como um fato, como estando além de todo questionamento; atribuía-se até o presente, sem a menor dúvida e sem nenhuma hesitação, ao bem um valor superior ao valor do mal, um valor mais elevado no sentido do progresso, da utilidade, da possibilidade do desenvolvimento ao tratar-se do homem em geral (inclusive do futuro do homem). Como? E se o contrário representasse a verdade? Como? E se o "bom" encerrasse em si um sintoma de retrocesso, um perigo, uma sedução enganosa, um veneno, um narcótico que desse a vida ao presente em detrimento do futuro? Talvez de maneira mais confortável, menos perigosa, mas também mais apertada, mais baixa?... De tal modo que fosse culpa da moral o não ter chegado o tipo homem ao mais alto grau do poder e do esplendor? E de modo que entre todos os perigos fosse justamente a moral o perigo por excelência?...

7

Depois que se abriu diante de meus olhos essa perspectiva, procurei colaboradores eruditos, audazes e que não tenham medo do trabalho (e continuo ainda hoje a procurá-los). Trata-se de percorrer o formidável território da moral, distante e tão misterioso – da moral que realmente existiu, realmente vivida – com questões absolutamente novas e com, de alguma forma, com novos olhos: e isso não significaria como que descobrir esse território pela primeira vez?... Se pensei no doutor Rée, mencionado anteriormente, foi porque vi que a própria natureza de suas perguntas não o levava a uma metodologia mais justa para chegar a respostas. Será que me enganei nesse ponto? O fato é que não pretendi senão dar a uma visão tão penetrante e tão desinteressada uma direção melhor, a direção da história da moral real; pretendi pô-la em guarda, enquanto houvesse tempo, contra um mundo de hipóteses inglesas que se evaporam no azul vazio.

É claro que para o genealogista da moral há uma cor cem vezes mais importante que o azul, a saber, a cor cinza, quero dizer tudo o que se baseia em documentos, o que pode realmente ser constatado, o que realmente existiu, dito em breve, todo o longo texto hieroglífico, difícil de decifrar, do passado da moral humana. O doutor Rée não conhecia esse texto, mas havia lido Darwin, e por isso vimos em suas hipóteses como a besta humana de Darwin e o humilde efeminado da moral, que já "não morde", supremamente moderna e modesta, se dão as mãos, o último com um ar estampado no rosto de certa indolência desleixada e graciosa, mesclada de pessimismo e de cansaço, como se todas essas coisas – os problemas da moral – não merecessem que fossem levadas a sério. A mim, pelo contrário, parece-me que nada há no mundo que mereça ser levado mais a sério e algum dia se reconhecerá que merecem recompensa notadamente, por exemplo, pela autorização de tomá-las com alegria de espírito. De fato a alegria de espírito ou, para dizê-lo em minha linguagem, a gaia ciência, é uma recompensa: recompensa de um esforço contínuo, ousado, tenaz, subterrâneo, reservado a poucos. Mas quando pudermos gritar com o coração: "Adiante! Nossa velha moral faz parte também da comédia!", teremos descoberto para o drama dionisíaco do destina da alma uma nova intriga e uma nova possibilidade – e até poderíamos tirar proveito disso, apostar nele, o grande, o antigo, o eterno poeta cômico de nossa existência!...

8

Se alguns acharem este livro incompreensível, se lhe ferir os ouvidos, parece-me que a culpa não é necessariamente minha. O que digo é bastante claro a supor e eu suponho que já tenham sido lidas minhas obras anteriores, apesar da dificuldade encontrada, porquanto não são realmente fáceis. Meu Zaratustra, por exemplo, não pode compreendê-lo senão o leitor que tenha ficado, num determinado momento, profundamente impressionado ou, em outro, profundamente entusiasmado com cada uma de suas palavras; só então gozará do privilégio de compartilhar de maneira respeitosa do elemento alcioniano que deu origem a essa obra, e se sentirá tocado por sua claridade, sua amplitude, sua certeza transparente. Nos demais escritos meus, a forma aforística é que cria dificuldades; dificuldades que se relacionam a essa forma que não se toma muito a sério hoje. Um aforismo velado não pode "ser decifrado" à primeira leitura; pelo contrário, é então que começa sua interpretação, o que requer uma arte de interpretação. No terceiro capítulo deste livro, apresento um exemplo de "interpretação"; esse capítulo é o comentário de um aforismo. É verdade que, para praticar a leitura como uma "arte", é necessário, antes de mais nada, possuir uma faculdade hoje muito esquecida (por isso há de passar muito tempo antes dos meus escritos serem "legíveis"), uma faculdade que exige qualidades bovinas e não as de um homem moderno, ou seja, a ruminação.

Sils-Maria, Alta Engadina, julho de 1887.

Primeiro Tratado

"Bem e mal" – "Bom e mau"

Esses psicólogos ingleses aos quais devemos as únicas tentativas feitas até agora para elaborar uma história da emergência da moral, são bastante enigmáticas, e esses enigmas que nos oferecem, enquanto enigmas encarnados, têm até mesmo, confesso, uma vantagem essencial sobre seus livros – são *interessantes em si mesmos.* Que querem esses psicólogos ingleses? São encontrados sempre trabalhando, voluntária ou involuntariamente, na mesma coisa, ou seja, colocando em evidência a *parte vergonhosa* de nosso mundo interior e procurando o elemento realmente ativo, condutor, decisivo para sua evolução, precisamente no ponto em que o orgulho intelectual do homem não esperava encontrá-lo (por exemplo, na *vis inertiae* [força da inércia] do hábito ou na tendência ao esquecimento ou numa engrenagem e numa mecânica de ideias cegas e fortuitas ou em alguma coisa de puramente passivo, automático, revelando reflexo, molecular e fundamentalmente estúpido). O que é que impele esses psicólogos nesta direção precisa? Será um instinto secreto, pérfido, vulgar de amesquinhar o homem? Será uma perspicácia pessimista, a desconfiança de idealistas desiludidos e tristes, tornados venenosos e verdes de fel? Ou talvez uma pequena hostilidade e um pequeno rancor subterrâneos contra o cristianismo (e Platão) que talvez nem sequer chegou a ultrapassar a soleira da consciência? Ou antes um gosto concupiscente para aquilo que a existência tem de insólito, de dolorosamente paradoxal, de problemático e de absurdo? Ou, finalmente, um pouco de tudo, um pouco de vilania, um pouco de amargura, um pouco de anticristianismo, um pouco de prurido?

Asseguram-me que não passam de velhas rãs frias e importunas, que rodeiam e pulam em torno do homem, no homem, como se ali estivessem em seu meio, num charco. Rejeito essa ideia e desejo que seja exatamente o contrário; desejo, e o almejo de todo o coração, que esses investigadores, que estudam a alma no microscópio, sejam fundamentalmente animais corajosos, magnânimos e dignos, que saibam refrear o coração e sacrificar seus desejos idealistas à verdade, a *toda* a verdade, mesmo à verdade simples, amarga, suja, repugnante, não-cristã, imoral... Porque há verdades dessa espécie.

2

Alerta, portanto, diante desses espíritos benevolentes que governam talvez esses historiadores da moral! Mas falta-lhes infelizmente o *espírito histórico*, porque foram abandonados à sua sorte por todos os espíritos benevolentes da história! Pensam, segundo é velha tradição nos filósofos do passado, de uma maneira *essencialmente* anti-histórica. Não há dúvida a respeito. A futilidade de sua genealogia da moral salta aos olhos desde o primeiro passo, desde que se trata de precisar a origem do conceito e do sentido de "bom". "No início – afirmam – as ações não-egoístas foram louvadas e reputadas boas por aqueles que eram favorecidos e, portanto, a quem eram *úteis*; mais tarde esqueceu-se essa origem do louvor e chamaram-se boas as ações não-egoístas simplesmente porque, em conformidade com o costume, foram sempre elogiadas como boas em si."

Essa primeira derivação apresenta todos os traços característicos da idiossincrasia dos psicólogos ingleses – encontramos nisso a "utilidade", o "esquecimento", o "costume" e, por fim, o "erro"; e tudo para servir de base a uma avaliação que até hoje havia ensoberbecido o homem superior, como uma espécie de privilégio do homem em geral. Esse orgulho deve ser humilhado, essa avaliação deve ser desprezada. Para mim é evidente em primeiro lugar que essa teoria procura e fixa a origem de emergência do conceito "bom" num lugar em que não está: o juízo "bom" não emana daqueles a quem se prodigalizou a "bondade". Foram os próprios "bons", os homens nobres, os poderosos, aqueles que ocupam uma posição de destaque e têm a alma enlevada que julgaram e fixaram a si e a seu agir como “bom”, ou seja, “de primeira ordem”, em oposição a tudo o que é baixo, mesquinho, comum e plebeu. Foi esse *pathos da distância* que os levou a arrogar-se por primeiros o direito de criar valores, de forjar nomes de valores: que lhes importava a utilidade!

O ponto de vista da utilidade é totalmente estranho e inaplicável quando se trata da fonte viva dos juízos de valor supremos que fixam e determinam a hierarquia: foi o sentimento, não a utilidade – e não uma hora de exceção, senão em todo o tempo – repito, a consciência da superioridade e da distância, o sentimento geral, fundamental e constante de uma espécie superior e dominadora, em oposição a uma espécie inferior e baixa, que determinou a origem da oposição entre “bom” e “mau”. (O direito de dar nomes vai tão longe que se pode considerar a própria origem da linguagem como um ato de autoridade que emana daqueles que dominam; eles dizem: “Aí está o que é isto e o que é aquilo”, apõem seu selo sobre todas as coisas e todos os acontecimentos por meio de um som e, de alguma forma, se apoderam desse fato).

O ponto importante com relação a essa origem é que o vocábulo “bom” não está absolutamente ligado necessariamente a ações “não-egoístas”, como imagina a superstição desses genealogistas da moral. Pelo contrário, é somente a ocasião de um declínio dos juízos de valor aristocráticos que toda essa oposição “egoísta” e “não-egoísta” se impõe de maneira crescente à consciência humana. Servindo-me de minha linguagem, é o *instinto gregário* que acaba por encontrar sua expressão (e também por apoderar-se das palavras). E mesmo então, se passa ainda muito tempo antes que esse instinto venha a domina de tal modo que a avaliação moral fique presa e sujeita a essa oposição (como ocorre, por exemplo, na Europa de nossa época; hoje, o preconceito que revela algo de “moral”, “não-egoísta”, “desinteressado” para conceitos de valor idêntico, se impôs, provido da força de uma “ideia fixa” e de uma doença mental).

3

Mas em segundo lugar, fazendo-se completamente abstração do caráter insustentável historicamente dessa hipótese relativa à origem do juízo de valor “bom”, ela peca em si por um contrassenso psicológico. É necessário que a utilidade da ação não-egoísta seja a origem do fato para que seja elogiada e é necessário que essa origem tenha sido esquecida – mas como esse esquecimento é, contudo, possível? Porventura a utilidade dessas ações deixou de existir algum dia? Muito pelo contrário, essa utilidade é experiência cotidiana de todos os tempos, coisa que não deixou de ser constatada sempre e, portanto, longe de se apagar da consciência, de cair no esquecimento, devia gravar-se sempre com maior nitidez na consciência.

Muito mais lógica a teoria oposta (ainda que não mais verdadeira), defendida por Herbert Spencer, o qual considera os conceitos "bom" e "útil" como de essência semelhante, "adaptados a um objetivo", de modo que a humanidade, pelos juízos "bom" e "mau", resumiu e sancionou precisamente suas experiências inolvidáveis sobre o útil adaptado, o inútil inadaptado. Segundo essa teoria, é bom aquilo que, em todos os tempos, se revelou útil, e por esse fato está no direito de exigir que seja considerado "como tendo um valor no supremo grau", como "tendo valor em si". Essa tentativa de explicação é igualmente errônea, como já o disse, mas pelo menos a própria explicação é em si sensata e psicologicamente sustentável.

4

A indicação para o caminho correto me foi dada por esta pergunta: Qual é, segundo a etimologia, o sentido da palavra "bom" nas diversas línguas? Então descobri que esta palavra em todas as línguas deriva de uma mesma transformação conceitual; descobri que, em toda a parte "nobre", "aristocrático", no sentido de ordem social, é o conceito fundamental, a partir do qual se desenvolve necessariamente "bom" no sentido de "que possui uma alma de natureza elevada", de que "possui uma alma privilegiada". Esse desenvolvimento se efetua sempre paralelamente a outro que acaba por evoluir de "comum", "plebeu", "baixo" para o conceito de "mau".

O exemplo mais eloquente desta última transformação é a palavra alemã *sclecht* (mau), que é idêntica à palavra *schlicht* (simples); compare-se *schlechtweg* (simplesmente) e *schlechterdings* (absolutamente), e que em sua origem designava o homem simples, o homem comum, sem estar acompanhado ainda de um olhar suspeito, simplesmente por oposição ao homem nobre. É na época da guerra dos Trinta Anos (1618-1648), bastante tardiamente portanto, que esse sentido acabou por se fixar no que é hoje. Isso me oferece uma visão essencial com relação à genealogia da moral. Se foi descoberto tão tarde, se deve à influência inibidora que o preconceito democrático exerce no mundo moderno, com relação a todas as questões de origem. E isso até no domínio, que parece mais objetivo, das ciências naturais e da fisiologia, o que basta evocar aqui. Mas quanto aos estragos que esse preconceito provocou, uma vez desencadeado até o ódio, em particular para a moral e para a história, comprova-o o tristemente célebre caso de Buckle; o *plebeísmo* do espírito moderno, que é de ascendência inglesa, entrou novamente em erupção em seu solo natal, com a violência de uma torrente de lava e com essa eloquência temperada a gosto, tonitruante, vulgar, com a qual todos os vulcões se expressaram até o presente.

5

No tocante a nosso problema que, por boas razões pode ser chamado um problema *silencioso* e que não se dirige, para ser exigente, senão a poucos, não é de menor interesse reconhecer que se perpetua ainda e muitas vezes, nas palavras e nas raízes que significam "bom", o matiz principal pelo qual os "nobres" se tinham por homens de classe superior. É verdade que, na maioria dos casos, se designam talvez simplesmente segundo a superioridade que lhes pertence em termos de poder (como "os poderosos", os "donos", "os que mandam") ou por meio do sinal mais evidente dessa superioridade, por exemplo, como "os ricos", "os possuidores" (este é o sentido da *arya* e de seus correspondentes que aparecem no iraniano e no eslavo). Mas também segundo um *traço de caráter típico*, e este é o caso que aqui nos interessa. Chamam-se, por exemplo, "os verazes"; assim se designa a nobreza grega pela boca do poeta megarense Teognis. A palavra forjada para isso é *esthlós* que significa, de acordo com sua raiz, "alguém que é", alguém que tem realidade, que é real, que é verdadeiro; a seguir, por uma modificação subjetiva, o homem verdadeiro vem a ser o veraz: nessa fase de mutação do conceito vemos que a palavra que a expressa vem a ser o sinal de reconhecimento da nobreza e se fixa de modo completo no sentido de "pertencente à nobreza", por oposição a homem "mentiroso" da plebe, segundo o considera e o descreve Teognis; até que, finalmente, depois do declínio da nobreza, essa palavra se mantém, como amadurecida e adocicada, para designar a *nobreza* da alma.

A palavra *kakós* [mau] como em *deilós* [miserável] (que designa o plebeu por oposição ao *agathós* [bom]), denota a covardia e indica talvez uma pista da direção em que se deveria procurar a etimologia de *agathós* palavra que pode ser interpretada de muitas maneiras. O termo latino *malus* [mau] (que eu relaciono com o grego *melas*, "negro") pode designar o homem plebeu de cor morena e de cabelos pretos (*hic niger est* – esse é negro), como o autóctone pré-ariano, presente em solo italiano, que se distinguia muito, por sua cor, da raça conquistadora e dominadora dos loiros arianos. Ao menos o gaélico forneceu um indício semelhante: a palavra *fin* (por exemplo, no nome *Fin-Gal*) é o termo que designa de maneira distintiva a nobreza e, finalmente, significa "o bom", "o nobre", "o puro", embora significasse originalmente "o de cabelos loiros" em oposição ao ocupante primitivo que era de cor escura, de cabelos negros. Os celtas, seja dito de passagem, eram de raça inteiramente loira. É sem razão que se relacionam as áreas de população de cabelos sobretudo negros, que aparecem em alguns mapas etnográficos da Alemanha feitos com algum cuidado, com uma proveniência ou uma mistura de sangue celta, como faz ainda Virchow; pelo contrário precisamente, é a população pré-ariana da Alemanha que transparece nessas regiões. (A mesma observação se aplica praticamente a toda a Europa. De fato, a raça submetida acabou por readquirir a supremacia, com sua cor, sua forma de crânio e até mesmo com seus instintos intelectuais e sociais, o que nos assegura que a democracia moderna, o anarquismo ainda mais moderno e sobretudo essa tendência para a *comuna*, para a forma social mais primitiva, que todos os socialistas da Europa de hoje condividem, não seria essencialmente uma formidável *ressonância atávica* – e que a raça dos conquistadores e dos *senhores*, a raça dos arianos, não estaria a ponto de sucumbir também no plano fisiológico?...)

Creio poder interpretar o termo latino *bonus* [bom] como "o guerreiro": uma vez que possa fazer remontar *bonus* à sua forma antiga de *duonus* (compare-se *bellum* = *duellum* = *duen-lum*, que me parece conter também esse *duonus*). *Bonus* seria o homem da discórdia (duo – dois), o guerreiro: nota-se o que, na Roma antiga, constituía a "bondade" de um homem. Nossa palavra alemã *gut* ("bom") não significaria *göttlich* ("divino"), o homem de origem divina? E não seria sinônimo de *Goth*, designativo de um povo (mas originalmente da nobreza)? As razões em favor dessa hipótese surgem do tema presente.

6

Se a transformação do conceito político da preeminência da alma num conceito psicológico é a regra, não constitui uma exceção (embora exceções possam aparecer) que a casta mais elevada forme ao mesmo tempo a casta sacerdotal e prefira um título que designe as suas funções. Desse modo a oposição "puro" e "impuro" serviu primeiramente para distinguir as castas e se desenvolveu mais tarde uma diferença entre "bom" e "mau" num sentido que se aplica melhor ao status social. Deve-se tomar cuidado, de resto, de atribuir à ideia de "puro" e "impuro" um sentido demasiado rigoroso, demasiado lato, e menos ainda um sentido simbólico. Todos os conceitos da antiguidade foram estendidos em seu início, pelo contrário e de modo grosseiro, insosso, externo, literal e especificamente *não simbólico* a um ponto que para nós é quase inconcebível. De início, o termo "puro" designa simplesmente "um homem que se lava", que se abstém de certos alimentos que provocam doenças de pele, que não deita com mulheres sujas da plebe e que tem horror ao sangue e nada mais que isso.

Em contrapartida, é verdade que toda a conduta característica de uma aristocracia essencialmente sacerdotal indica a razão pela qual é precisamente aqui que as oposições axiológicas puderam interiorizar-se e acentuar-se de maneira perigosa. Havia entre os homens tais abismos que nem um Aquiles de pensamento livre os franquearia sem temor. Há desde o princípio algo de *mórbido* nessas aristocracias sacerdotais e em seus hábitos de domínio, hostis à ação, querendo que o homem ora engrandeça seus sonhos ora caia em explosão de sentimentos, de onde parece derivar essa fraqueza intestinal e essa neurastenia que são inerentes quase inevitavelmente a todos os sacerdotes de todas as épocas. E como não afirmar que o remédio que preconizavam para combater essa disposição doentia – nem é preciso dizer que se verificou com suas repercussões – era mil vezes pior que a doença que deveria curar? Toda a humanidade está sofrendo as consequências dessas ingenuidades terapêuticas dos sacerdotes. Basta recordar certas particularidades do regime (o fato de abster-se de carne), o jejum, a abstinência sexual, a fuga para o deserto (isolamento à moda de Weis Mitchell, naturalmente sem estar acompanhado dos cuidados de engordar e de superalimentar-se que constituem o antídoto mais eficaz para combater toda histeria do ideal ascético).

Acrescente-se a isso toda a metafísica dos sacerdotes, hostil aos sentidos, que os torna preguiçosos e refinados; o hipnotismo, por autossugestão que praticam os sacerdotes à maneira dos faquires e dos brâmanes – usando Brama como bola de cristal e ideia fixa – e, para terminar, a saturação geral, que se compreende muito bem com seu tratamento radical, o *nada* (ou Deus, porque a aspiração a uma *união mística* com Deus nada mais é do que a aspiração do budismo ao nada, ao Nirvana – e nada mais!). No sacerdote *tudo* se torna precisamente mais perigoso, não somente os remédios e a terapêutica, mas também a presunção, a vingança, a perspicácia, o desprezo, o despotismo, a virtude, a doença – poder-se-ia, sem dúvida, acrescentar igualmente e com alguma equidade: é somente no terreno dessa forma de existência humana, *essencialmente perigosa*, aquela do padre, que o homem em geral se tornou um *animal interessante,* somente aqui é que a alma humana adquiriu *profundidade* num sentido superior e se tornou *maldosa* – pois são precisamente essas as duas formas fundamentais de superioridade que o homem teve até o presente sobre o restante dos animais!

7

Compreende-se agora com quanta facilidade se poderá desenvolver a moral dos sacerdotes em sentido contrário ao da aristocracia guerreira e verificar-se-á o conflito notadamente quando ambas as castas começarem a opor-se mutuamente por inveja e quando não quiserem colocar-se de acordo em questão de preço. Os juízos de valor das aristocracias de cavaleiros se baseiam numa vitalidade física poderosa, numa saúde em plena forma, até mesmo transbordante, para a qual contribui a guerra, as aventuras, a caça, a dança, os jogos e em geral tudo o que implica uma atividade forte, livre e alegre. O modo de avaliação da nobreza dos padres possui – já o vimos – outros pressupostos; não é seu negócio ao se tratar de mover guerra! Os sacerdotes são, e isso é sabido de todos, os *inimigos mais malignos* – por quê? Porque são os mais desprovidos de poder. É essa impotência que faz crescer neles um ódio monstruoso, inquietante, até torná-lo supremamente espiritual e supremamente venenoso.

Os grandes homens de ódio na história universal foram sempre sacerdotes, e mesmo os homens de ódio mais engenhosos também – comparando-se com o espírito de vingança dos sacerdotes, todo o resto do espírito geralmente não merece consideração. A história da humanidade seria uma coisa insípida sem o engenho com que a ameaçaram os homens desprovidos de poder. Relembremos o exemplo mais notável. Tudo o que foi feito na terra contra os "nobres", os "poderosos", os "senhores", os "detentores do poder", não se pode comparar com o que fizeram os judeus. Os judeus, esse povo de sacerdotes, que não souberam por fim tomar satisfação de seus inimigos e dominadores senão por meio de uma radical inversão dos valores morais, isto é, por meio de uma *vingança supremamente espiritual*. Só a um povo de sacerdotes convinha, precisamente pela sede de vingança sacerdotal, agir desse modo radical. Os judeus, com uma identidade axiológica dos aristocratas (bom = nobre = poderoso = belo = feliz = amado por deus), arriscaram a reviravolta com uma coerência terrificante e se encarniçaram no mordente do ódio mais abissal (o ódio da impotência), ou seja, "só os miseráveis são bons, os pobres, os impotentes, os pequenos são os bons, e ainda aqueles que sofrem, os necessitados, os enfermos, os doentes, os feios são também os únicos seres piedosos, os únicos abençoados por Deus, só para eles existe a bem-aventurança – quanto aos outros, os nobres e poderosos, são por toda a eternidade os maus, os cruéis, os concupiscentes, os insaciáveis, os ímpios, são por toda a eternidade os réprobos, os malditos, os condenados..." Todos sabem quem foi que acolheu a herança essa reviravolta de valores judaica...

Tratando-se dessa iniciativa formidável e funesta, para além de toda medida, que os judeus tomara por essa declaração de guerra, a mais rudimentar de todas, recordo a tese à qual cheguei em outra ocasião (*Além do bem e do mal*, p. 118), isto é, que com os judeus começa a sublevação dos escravos na moral, sublevação que já tem dois mil anos de história e que hoje perdemos de vista pela única razão que acabou por adjudicar a si a vitória...

8

Mas é uma coisa que não vocês não compreendem? Não têm olhos para ver uma coisa que necessitou de dois mil anos para triunfar?... Não é estranho; todas as coisas de *longa duração* são difíceis de ver, de captar com um olhar abrangente. Mas aí está o que ocorre: do tronco dessa árvore da vingança e do ódio, do ódio judeu – do ódio mais profundo e mais sublime, aquele que cria ideais, que inverte os valores, que nunca teve semelhante na terra – do tronco desse ódio surgiu uma coisa de todo incomparável, um *novo amor*, a mais profunda e a mais sublime forma do amor – de que outro tronco poderia ter surgido?... Mas não se creia que tenha surgido como a verdadeira negação dessa sede de vingança, como o contrário do ódio judeu! Não, o inverso é que reflete a verdade! Esse amor surgiu como sua coroa, como sua coroa triunfante que se abre sempre mais amplamente na mais pura clareza e na plenitude solar, à procura, no reino da luz e da altitude, de algum modo, dos objetivos desse ódio, a vitória, a conquista, a sedução, ódio impelido pela mesma tendência que fazia aprofundar suas raízes, sempre mais radical e avidamente em tudo o que havia de profundo e de mau.

Esse Jesus de Nazaré, evangelho do amor encarnado, esse "redentor" que traz a bem-aventurança e a vitória aos pobres, aos enfermos, aos pecadores – ele não era a sedução sob sua forma mais inquietante e irresistível, a sedução e o desvio que haveriam de conduzir justamente a esses valores e a essas inovações *judias* do ideal? Israel, ao ferir o salvador, seu aparente adversário, não atingiu o objetivo derradeiro de sua sede sublime de vingança? Não traz oculta em si a magia negra de uma aut6entica política grandiosa da vingança, da vingança que vê longe, subterrânea, que progride lentamente e que calcula por antecipação, o fato que Israel teve de negar defronte do mundo e pôr na cruz o verdadeiro instrumento de sua vingança, como se esse instrumento fosse seu inimigo mortal, a fim de que o mundo todo, isto é, os inimigos de Israel, tivessem menos escrúpulos em morder a isca mais funesta e perigosa? Todo o refinamento do espírito poderia conceber, além disso, de maneira mais genérica uma isca mais perigosa ainda? Alguma coisa que se igualasse em força sedutora, inebriante, apetitosa, corruptora que esse símbolo da "santa cruz", esse horrível paradoxo de um "Deus crucificado", esse mistério de uma crueldade inconcebível, última, extrema e de uma autocrucificação de Deus *pela salvação do homem*?... Ao menos uma coisa é certa, que, *sub hoc signo* (sob este sinal), Israel, com sua vingança e inversão de todos os valores, não cessou de triunfar até o dia de hoje sobre todos os outros ideais, sobre todos os ideais *mais nobres*.

9

"Mas por que persistem em falar de ideais mais nobres? Vamos ater-nos aos fatos: o povo é que venceu – ou "os escravos", "a plebe", "o rebanho" ou como quiserem chamá-lo – se isso se deve aos judeus, muito bem! Jamais um povo teve missão histórica de maior alcance. Foram abolidos os amos, triunfou a moral do povo. Pode-se muito bem considerar simultaneamente essa vitória como um envenenamento de sangue (ela misturou as raças) – não digo o contrário, mas não há o que duvidar, essa intoxicação *teve sucesso*. A "redenção" do gênero humano (a saber, sob o prisma dos "senhores") está no melhor caminho possível; tudo se judaíza, se cristianiza, e se plebeíza a olhos vistos (que importam as palavras!). O progresso desse envenenamento se espalha pelo corpo inteiro da humanidade, parece irresistível; pode ocorrer até mesmo que seu tempo e sua marcha se tornem já mais lentos, mais sutis, mais inaudíveis, mais ponderados... Para esse efeito, a Igreja tem ainda alguma missão *necessária* hoje, tem ainda, de maneira geral, direito à existência? Poderíamos passar sem ela? *Quaeritur* [pergunta-se]. Parece antes que inibe esse progresso e que o detém antes de apressá-lo? Pois bem, parece que nisso consiste precisamente sua utilidade... Seguramente, ela acabou por tornar-se alguma coisa de grosseiro e de rústico que repugna às inteligências delicadas, ao gosto verdadeiramente moderno. Não deveria refinar-se um pouco? Hoje mais repele que seduz. Quem de nós seria espírito livre, se a Igreja não existisse? É a Igreja que nos repugna, não seu veneno. Abstração feita da Igreja, nós também amamos o veneno..."

Esse foi o epílogo que fez a meu discurso um "livre-pensador", um honrado animal, como abundantemente o provou, e além do mais democrata. Ele me havia escutado até esse ponto e não tolerava mais ver-me calado. Para mim, com efeito, há aqui muito a calar.

10

A rebelião dos escravos na moral começa com o fato que o próprio *ressentimento* se torna criador e gera valores; o *ressentimento* desses seres, aos quais a verdadeira reação, aquela da ação, é interdita e que não se contenta senão com uma vingança imaginária. Enquanto toda a moral aristocrática nasce de uma triunfante afirmação de si mesma, a moral dos escravos opõe um "não" a tudo o que não é seu, a um de outro modo, a um não ele mesmo; esse "não" é seu ato criador.

Essa mudança total do ponto de vista dos valores – essa orientação necessária para o exterior em lugar do retorno para si mesmo – evidencia precisamente *ressentimento*: a moral dos escravos necessitou sempre, em primeiro lugar, para emergir de um mundo oposto e exterior, em termos fisiológicos, de estimulantes externos para simplesmente agir – sua ação é fundamentalmente reação. O contrário acontece na avaliação aristocrática: age e cresce espontaneamente, não procura seu oponente para dizer sim a si mesmo com maior reconhecimento ainda; seu conceito negativo "vil", "comum", "mau", não é senão um pálido contraste de surgimento tardio, comparado a seu conceito fundamental positivo, impregnado de ponta a ponta de vida e de paixão, "nós os nobres, nós os bons, nós os formosos, nós os felizes!" Quando o sistema de avaliação nobre erra e peca contra a realidade, está numa esfera que não lhe é suficientemente familiar, a ponto de se proibir ferozmente de reconhecer-se como bom; chega até a se enganar sobre a esfera que despreza, aquela do homem comum, do povo baixo. Mas por mais que falseie a imagem percebida, esse costume de orgulhoso desdém e de superioridade, não é tanto como a desfiguração violenta que o rancor e o ódio põem na imagem do adversário – *in effigie* naturalmente. No desdém aristocrático há muita negligência, muita superficialidade, muita consideração deturpada e de impaciência que entram no desprezo, muito arrebatamento pessoal, para que o objeto possa transformar-se em verdadeira caricatura e monstruosidade.

Não devem ser esquecidos os matizes benévolos que a aristocracia grega, por exemplo, introduz nas palavras com as quais separa o baixo povo dela própria; a maneira pela qual as mistura constantemente para abrandá-las com uma espécie de sentimento de compaixão, de consideração, de indulgência, a tal ponto que todas as palavras que se aplicam ao homem do povo acabaram por se manter como vocábulos que significam "infeliz", "digno de compaixão" (ver *deilós* [miserável], *déilaios* [infeliz], *ponerós* [acabrunhado de males, mau], *mochtéros* [sofredor, mau] – estes dois últimos aplicados ao homem comum como escravo do trabalho e besta de carga) . Tenha-se presente, por outro lado, que os termos "mau", "vil", "infeliz" significam uma mesma tonalidade, entre os quais predomina "infeliz": herança do antigo modo de avaliação bem nobre, próprio dos aristocratas, que não se altera mesmo no desprezo (para refrescar a memória dos filólogos, ver o sentido no qual são utilizados *oizyrós* [lamentável], *ánolbos* [infeliz], *tlémon* [que suporta ou infeliz], *dystychein* [conhecer a felicidade], *xymphora* [acidente, infelicidade]).

Os "bem nascidos" se ressentiam justamente como "felizes"; não tinham necessidade de construir artificialmente sua felicidade, comparando-se com seus inimigos, eventualmente a colocar na cabeça à força de persuasão, *à força de mentira* (como todos os homens de *ressentimento* costumam fazer) e sabiam igualmente, como homens completos, vigorosos e necessariamente ativos, não separar a felicidade da ação – neles, o fato de ser ativo entra de maneira necessária na felicidade (é disso que *eu páttrein* [conseguir] extrai sua origem]; tudo isso está em profunda contradição com a "felicidade" que caracteriza os seres desprovidos de poder, oprimidos, de sentimentos venenosos e hostis, a quem a felicidade aparece sob a forma de estupefação, de sonho, de repouso, de paz, de "sabbat", de recreação do coração e relaxamento dos membros, numa palavra sob forma *passiva*.

Ao contrário, o nobre vive cheio de confiança e de franqueza para consigo mesmo (*gennáios*, "de ascendência nobre", sublinha a nuance de "correto" e também de "ingênuo"), o homem de ressentimento não é nem correto nem simples, nem sequer honesto e leal consigo mesmo. Sua alma é turva, seu espírito procura os recantos e as vias tortas, as saídas furtivas, encanta-se com todo esconderijo de seu próprio mundo, aí se sente seguro, aí encontra seu repouso; sabe guardar silêncio, não esquecer, esperar, fazer-se pequeno provisoriamente, humilhar-se. Uma raça de homens do ressentimento desse tipo acabará necessariamente por ser mais inteligente do que qualquer raça, por mais nobre que seja e haverá de honrar também essa inteligência além de qualquer medida, isto é, como uma condição de existência de primeira ordem, enquanto que, entre os nobres, essa inteligência apresenta um sutil gosto pelo luxo e pelo refinamento – falta muito para que aqui, precisamente, seja tão essencial como a perfeita segurança funcional dos instintos reguladores inconscientes, ou mesmo como uma certa ininteligência, como por exemplo o fato de se arremessar sobre o perigo ou sobre o inimigo ou ainda que essa irrupção exaltada de cólera, de amor, de respeito, de gratidão e de vingança, na qual se reconheceram as almas nobres de todas as épocas. E ainda quando o ressentimento se apodera do homem nobre, termina e se esgota por uma reação instantânea e, portanto, não se envenena; por outro lado, não se apresenta em muitos casos em que seria insuperável para todos os fracos e para os seres desprovidos de poder. Não ser capaz de levar a sério seus inimigos e suas desgraças, é o sinal característico das naturezas fortes e íntegras que se encontram na plenitude de seu desenvolvimento e que possuem uma superabundância de força plástica, regeneradora e curativa, que sabe esquecer. (o mundo moderno fornece um bom exemplo com Mirabeau, que não conservava na memória os insultos nem as infâmias e que não podia perdoar, simplesmente porque esquecia). O nobre, de uma só sacudida, se desembaraça da bílis que se instala nos outros; só ele pode amar os inimigos, se é que tal amor é possível, de uma maneira geral, na terra. Quanto respeito por seus inimigos num homem nobre! Esse respeito já é caminho aberto para o amor... Exige até mesmo que seu inimigo esteja com ele, como alguém distinto, e não pode suportar um inimigo em quem não tenha nada a recriminar e muito a honrar! Pelo contrário, o homem de ressentimento concebe o "inimigo" de outra forma e nisso reside precisamente sua ação, sua criação: foi ele que concebeu o "inimigo mau", "o mau" e isso a título de conceito fundamental, a partir do qual cria mentalmente ainda um "bom", a título de produto derivado e de contrapartida – de si mesmo!

11

O exato inverso, portanto, do que ocorre com o nobre, o qual concebe o conceito de "bom" de antemão e espontaneamente, a saber, a partir dele mesmo e a partir disso somente se cria uma representação de "mau"! Esse "mau", de origem nobre e esse "malvado" saído do caldeirão do ódio não satisfeito – o primeiro uma simples criação derivada, um ao-lado, uma cor complementar, em contrapartida o segundo é o começo, o ato verdadeiro na concepção de uma moral de escravos – porque essas duas palavras, "mau" e "malvado", são diferentes, se opõe na aparência ao próprio conceito de "bom"!

E tão pouco é único o conceito de "bom". Pergunte-se antes quem precisamente é "mau", no sentido da moral do ressentimento. Para responder com todo o rigor: o "bom" da outra moral é justamente o nobre, o poderoso, o dominador, se não for revestido de outra cor, reinterpretado, revisto pelo olho venenoso do ressentimento. Cabe aqui uma observação que não pode ser descurada: quem não conheceu esses "bons" senão como inimigos só conheceu *inimigos malvados* e esses mesmos homens, aos quais o costume, o respeito, a gratidão e sobretudo a emulação mútua e o ciúme impõe limites tão severos inter pares que se mostram, além disso, em suas relações mútuas, se mostram tão inventivos na consideração, no domínio de si, na delicadeza, na fidelidade, no orgulho e na amizade – não são melhores quando entram em contato com o exterior, onde se constata o elemento estranho, o país estrangeiro, que feras em liberdade. Livres de toda pressão social, compensam nessa amplidão selvagem a tensão resultante de longa reclusão e retornam à inocência de consciência que aquela do animal selvagem, transformando-se em monstros arrebatados de contentamento, deixando talvez atrás deles uma abominável sucessão de assassinatos, de incêndios, de profanações, de torturas, com tanto orgulho e serenidade de alma como se se tratasse de uma partida de estudantes e persuadidos de que deram aos poetas, por muito tempo, matéria para cantar e celebrar. Não há como se enganar, no fundo de todas essas raças nobres é impossível não reconhecer a fera loira que ronda, em busca de presa e de vitória; esse fundo oculto tem necessidade de aflorar de quando em quando, é necessário que o animal saia novamente, que retorne à amplidão selvagem – nobreza romana, árabe, germânica, japonesa, heróis homéricos, *vikings* escandinavos – todos são idênticos a esse respeito.

Foram as raças nobres que deixaram o conceito de "bárbaro" em seus vestígios por onde quer que passassem; sua elevada cultura continua a evidenciar o fato de que elas tinham consciência disso e mesmo se orgulhavam a respeito (por exemplo, quando Péricles declara a seus atenienses em sua célebre oração fúnebre, "nossa audácia abriu passagem por terra e por mar, erigindo por toda a parte monumentos imorredouros do bem, e do mal"). Essa "audácia" das raças nobres, audácia insensata, absurda, brusca em sua expressão, de caráter incalculável, mesmo inverossímil de suas empresas – Péricles sublinha a *rathymia* [descuido, moleza] dos atenienses como motivo de distinção – sua indiferença e seu desprezo pela segurança, o corpo, a vida, o conforto, sua horrível alegria de espírito e o profundo prazer em toda destruição, em todas as volúpias da vitória e da crueldade – tudo isso, na imaginação das vítimas, se resumia na ideia de "bárbaro", "inimigo malvado", por exemplo, do "godo", do "vândalo".

A desconfiança profunda e glacial que inspira o alemão desde que acede ao poder, em nossos dias também, uma vez mais – permanece sempre uma ressonância atávica desse horror indizível que durante séculos a Europa testemunhou na fúria da besta germânica (embora exista apenas um parentesco conceitual, para não falar de parentesco de sangue, entre os antigos germânicos e nós, os alemães de hoje). Já chamei a atenção em outro local a propósito da dificuldade em que devia ter-se achado Hesíodo quando tratou de representar as épocas da civilização nas três idades de ouro, prata e bronze: não pôde evitar a contradição que oferecia o mundo de Homero, magnífico mas igualmente tão espantoso, tão violento, senão dividindo essas idades em duas partes sucessivas: primeiramente a idade dos heróis e semideuses de Troia e Tebas, conforme haviam ficado impressos na imaginação das linhagens nobres que neles viam seus próprios ancestrais; depois, a idade de bronze, isto é, o mesmo mundo tal como aparecia aos descendentes dos oprimidos, espoliados, brutalizados, deslocados à força e vendidos, uma idade de bronze, como foi dito, certamente dura, fria, cruel, insensível, desprovida de sentimento e de consciência, esmagando tudo e regando tudo com sangue. Supondo que seja verdade o que somos levados a aceita hoje como uma "verdade", ou seja, que o *sentido de toda cultura* é justamente domesticar a besta humana, para fazer dela um animal pacato e civilizado, deverão considerar-se, sem a menor dúvida, como verdadeiros instrumentos de cultura todos esses instintos de reação e de ressentimento, graças aos quais acabou-se por quebrar e subjugar as linhagens nobres com seus ideais; isso não significaria dizer que os depositários daqueles instintos fossem os representantes da cultura. Parece antes o contrário e não somente provável – não! Que hoje é flagrante! Esses depositários dos instintos de subjugação, alterados por represálias, esses descendentes de todos os escravos europeus e não-europeus, de toda a população pré-ariana em particular, representam o retrocesso da humanidade! Esses "instrumentos de cultura" são uma vergonha para o homem e, mais ainda, motivo de suspeita e argumento contra a própria "cultura" em geral! Sem dúvida, há toda a razão para não se desfazer do medo diante da besta loira que constitui a base de todas as raças nobres e manter-se em guarda. Mas quem não haveria de preferir cem vezes mais ter medo, contanto que possa simultaneamente admirar, antes de não ter medo, mas que não pudesse mais escapar, tornando-se espetáculo repugnante do fracassado, do raquítico, do estiolado, do envenenado? Ora, não é essa nossa fatalidade? O que é que produz hoje nossa aversão pelo "homem"? Porque não há dúvida de que para nós *suportamos* o homem. *Não* por medo, mas pelo fato de que não temos mais nada a temer no homem; pelo fato de que o verme "homem" ocupa o centro do palco e nele se multiplica; que o "homem domesticado", medíocre irremediável, já aprendeu a se considerar como o objetivo e o cume, como o sentido da história, como o "homem superior" – realmente que tenha certo direito de sentir-se como se sente afastado da superabundância de oprimido, de sofredor, de cansado, de utilizado até a corda, do qual a Europa começa a se encher hoje e, portanto, como alguma coisa que, pelo menos, tem tido êxito relativo, que pelo menos ainda está apto a viver, que pelo menos diz sim à vida...

12

Não posso aqui sufocar um suspiro e um último motivo de esperança. O que é que para mim é absolutamente insuportável? O que é que me sufoca e me abate? Ar viciado! Ar irrespirável! O fato é que alguma coisa mesquinha se aproxima de mim; terei de respirar as entranhas de uma alma fracassada?... O que é que se não suporta em matéria de carestia, de privação, de intempéries, de mau tempo, de cuidados, de desolação, de isolamento? No fundo, todos podemos vencer todo o resto, nascemos para uma existência subterrânea, para uma vida de combate; por fim acaba-se por remontar à luz, revive-se sempre a hora dourada de vitória – e então o homem se encontra novamente tal como nasceu, indestrutível, vigoroso, pronto de novo ao mais difícil, ao mais distante ainda, como um arco cuja distensão não deixa jamais de fazê-lo distender com mais força – mas de quando relembrem-me – para levar a supor que há benfeitoras celestes, para além do bem e do mal – relembrem-se de ver, de ver uma só vez em tudo e por tudo alguma coisa de perfeito, de integralmente exitoso, feliz, poderoso, triunfante, para quem ainda exista alguma coisa que possa inspirar medo. Um homem que justifica o homem, um homem que seja uma vez feliz, complementar e redentor, por amor do qual esteja no direito de manter *a fé no homem*!... De fato, as coisas são assim: é na pequenez e na igualdade do homem europeu que reside nosso pior perigo, pois o espetáculo cansa... Hoje nada vemos que queira se engrandecer, pressentimos que tudo não cessa de declinar, declinar para tornar-se mais inconsistente, mais gentil, mais prudente, mais à vontade, mais medíocre, mais indiferente, mais chinês, mais cristão – o homem, não resta dúvida alguma, não cessa de tornar-se "melhor"...

É precisamente nisso que reside a fatalidade da Europa – com medo do homem, perdemos igualmente o amor por ele, o respeito por ele, a esperança que nele era depositada, até mesmo a vontade de que ele era objeto. O espetáculo do homem já começa a cansar – o que é o niilismo hoje, senão isso? Estamos cansados do homem...

13

Mas voltemos atrás: o problema do outro origina o "bom", bom como o concebeu o homem do ressentimento, que exige uma conclusão. Que os cordeiros tenham horror às aves de rapina, compreende-se; mas não é uma razão para querer mal às aves de rapina que arrebataram os cordeirinhos. E se os cordeiros dizem: "Essas aves de rapina são más, e aquele que não é de modo algum ave de rapina, mas precisamente ao contrário, seu oposto, um cordeiro, não seria bom?" Nada teríamos que responder a essa maneira de erigir um ideal, a não ser que as aves de rapina responderão com ar um tanto sarcástico, dizendo talvez: "*De nossa parte*, não temos nenhum rancor contra esses bons cordeiros, e até os amamos; nada há de mais suculento que um tenro cordeiro".

Exigir da força que não exteriorize sob forma de força, que não seja um querer conquistar, um querer subjugar, um querer tornar-se dono, uma sede de inimigos, de resistência e de triunfos, é tão insensato como exigir da fraqueza que se exteriorize como força. Uma quantidade de força corresponde exatamente à mesma quantidade de impulso, de vontade, de produção de efeitos, e não pode parecer de outro modo, senão em virtude da sedução enganosa da linguagem (e dos erros fundamentais da razão que nela estão petrificados), a qual compreende, e compreende de viés, toda produção de efeitos como condicionada por uma coisa que exerce efeitos, por um "sujeito". De igual modo, com efeito, como o povo distingue entre o raio e seu resplendor e considera esta última como como agir, como efeito exercido por um sujeito chamado raio, assim também a moral do povo distingue o vigor das exteriorizações desse vigor como se houvesse atrás do vigoroso um substrato neutro ao qual competiria em toda liberdade exteriorizar ou não seu vigor. Mas tal substrato não existe, não há um "ser" atrás do agir, da produção de efeitos, do vir a ser; o "agente" é pura e simplesmente acrescido de maneira imaginativa ao agir – o agir é tudo.

Fundamentalmente, o povo desdobra o agir, quando faz o trovão luzir, é um agir do agir; coloca o mesmo acontecimento primeiro como causa e, mais uma vez, a seguir como efeito. Não são mais cuidadosos os físicos quando dizem que a "força move, a força causa", e outras coisas do mesmo tipo – nossa ciência em seu conjunto, a despeito de toda a sua frieza, de sua liberdade com relação ao afeto, é ainda tributária da sedução enganosa da linguagem e não pode ainda desembaraçar-se desses pequenos monstros substituídos pelas fadas, os "sujeitos" (o "átomo", por exemplo, é um desses pequenos monstros, como também a "coisa em si" de Kant). Não é pois de admirar que a sede de vingança e o ódio utilizassem essa crença para sustentar que o forte tenha toda a liberdade de ser fraco e que a ave de rapina de ser cordeiro... Quando os oprimidos, pisados aos pés, brutalizados se incitam sob o efeito da trama vingativa da impotência, dizendo: "Sejamos o contrário dos maus, sejamos bons! O bom é todo homem que não brutaliza ninguém, que não fere ninguém, que não agride, que não usa de represálias, que deixa a vingança a Deus, que vive oculto como nós, que evita toda maldade e de maneira geral exige pouco da vida como nós, os pacientes, os humildes, os justos." Isso não significa, propriamente falando, se o entendermos friamente e sem prevenção, nada mais que: "Nós, os fracos, não passamos realmente de fracos; convém que não façamos nada *em vista de não sermos bastante fortes*". Mas essa amarga situação, essa sabedoria em seu mais baixo grau que até os insetos a possuem (quem não se finge de morto para não fazer outra coisa em caso de perigo) se transformou, graças a essa falsa avaliação e a essa mentira para consigo mesmo, próprias da impotência, em pomposo título de virtude de renúncia, calma, que espera, exatamente como se a fraqueza do fraco – isto é, sua essência, sua maneira de produzir efeitos, sua realidade única, inevitável, insubstituível – fosse uma proeza voluntária, alguma coisa pretendida, escolhida, uma *façanha*, um *mérito*.

Essa espécie de homem necessita crer num "sujeito" neutro, livre para se determinar, como que agindo por instinto de autoconservação, de autoafirmação pelo qual toda mentira costume ser justificada. O sujeito (ou para dizê-lo de modo mais popular, a alma) foi talvez até aqui o melhor artigo de fé que o mundo tenha conhecido até hoje porque permitiu à imensa maioria dos mortais, aos fracos e aos oprimidos de todo tipo, essa sublime ilusão que interpreta a fraqueza como liberdade, sua maneira particular de ser como *mérito*.

14

– Alguém quer olhar um pouco para baixo, até o fundo, para ver o segredo da *fabricação dos ideais* na terra? Quem tem coragem para tanto?... Perfeito! Daqui se tem uma visão desimpedida sobre essa tenebrosa oficina. Espera um pouco mais, senhor petulante e temerário; é preciso que sua vista se habitue a essa luz falsa, mutante... Muito bem! Basta! Fale, agora! Que se passa lá embaixo? Diga o que vê, homem de curiosidade extraordinariamente perigosa – agora, é minha vez de escutar.

– Não vejo nada, nem ouço... De todos os cantos e recantos sai um sussurro, um murmúrio prudente, soturno, abafado. Tenho a impressão que mentem... Uma doçura como a do mel se ajunta a cada som. A fraqueza deve ser, a golpes de mentira, transformada em mérito, disso não tenho nenhuma dúvida – é exatamente o que o senhor diz.

– Que mais?

– E a impotência que não usa de represálias em "bondade"; a baixeza temerosa em "humildade"; a submissão àqueles que odiamos em "obediência" (isto é, com relação a alguém de quem dizem que ordena essa submissão – eles o chamam Deus). O caráter inofensivo do fraco, o próprio desleixo, de que está abundantemente provido, o fato de deixá-lo à porta, de ser inelutavelmente obrigado a esperar, aqui são designados com denominações elogiosas, como "paciência", gostam de chamar isso também de virtude; sua incapacidade de vingar-se se chama vontade de não se vingar, talvez até mesmo perdão (pois não sabem o que fazem – só nós sabemos o que eles fazem!). Fala-se também do "amor aos próprios inimigos" – sempre transpirando.

– Que mais?

– São miseráveis, sem dúvida, todos estes rezadores, esses falsários em seu canto, embora se acotovelem uns contra os outros para se esquentar – mas, dizem, sua miséria seria uma escolha e uma distinção por parte de Deus, aquele que gosta de castigar melhor ainda; talvez essa miséria seja uma preparação, um tempo de prova, uma formação, talvez seja algo mais ainda – alguma coisa que será um dia compensada e retribuída com usura em proporções formidáveis em ouro, não!, em felicidade. Chamam isso de "beatitude".

– Que mais?

– Agora dizem que não só são melhores que os poderosos e que os governantes, cujas botas devem beijar (não por medo, de forma alguma por medo!, mas porque Deus manda respeitar toda autoridade); não só são melhores, senão que seu lote de eternidade será maior. Mas, basta! basta! Não posso mais! Ar irrespirável! É irrespirável! Esta oficina de fabricação dos ideais, a meu ver, cheira muito a mentira.

– Não! Um instante mais! Não mencionou ainda a obra-prima desses mestres em magia negra que mudam toda negrura em brancura, em leite e em inocência – não observou o que constitui a perfeição de se refinamento, sua obra de artistas mais audaciosa, mais sutil, mais engenhosa, mais mentirosa? Atenção! Esses animais que frequentam as tavernas, ébrios de vingança e de ódio – em que transformam precisamente a vingança e o ódio? Ouviu essas palavras? Somente ao crédito de suas palavras, suspeitaria que está no meio exatamente de homens de ressentimento?...

– Compreendo e abro de novo os ouvidos (ai, ai, ai! e tapo o nariz). Somente agora ouço que já disseram tantas vezes: "Nós os bons – *nós somos os justos* – aquilo a que aspiram não chamam de represálias, mas pelo contrário, "triunfo da justiça"; o que odeiam, não é ao inimigo, não!, odeiam a "injustiça", a "impiedade"; creem e esperam, não na esperança de vingança, na ebriedade da doce vingança, ("é mais doce que o mel", já dizia Homero), mas na "vitória de Deus, do Deus justo sobre os sem-deus"; o que lhes resta a amar na terra não são seus irmãos de ódio, mas pelo contrário, seus "irmãos no amor", como dizem, todos os bons e justos da terra.

– E como chamam aquilo que lhes serve de consolo por todos os sofrimentos da vida – sua fantasmagoria de beatitude antecipada?

– Como! Será que estou ouvindo bem? A isso chamam de "juízo final", a vinda de seu reino, do "reino de Deus" – mas daqui até lá vivem na "fé", na "amor", na "esperança". – Basta! basta!

15

Na fé em quê? No amor por quê? Na esperança de quê? Esses fracos – é que eles também querem algum dia ser fortes, sem dúvida alguma, é bom que um belo chegue "seu reino" também – entre eles chamam isso de "reino de Deus", simplesmente, como já disse, pois têm uma humildade além dos limites! Para ver esse reino é necessário viver muito, até depois da morte – é necessária até a vida eterna para compensar-se eternamente no "reino de Deus" dessa vida terrena, passada "na fé, na esperança e na caridade". Compensar-se de quê? Compensar-se como?... Acho que Dante se enganou grosseiramente quando gravou com terrível ingenuidade na porta de seu inferno esta inscrição: "Também a mim o amor eterno criou". Seria, em todo caso, mais legítimo fazer figurar no alto da porta do paraíso cristão e de sua "beatitude eterna" esta inscrição: "Também a mim foi o ódio eterno que me criou" admitindo que seja legítimo fazer figurar uma verdade sobre a porta que conduz a uma mentira! De fato, o que é a beatitude desse paraíso?... Já o poderíamos adivinhar, mas é preferível deixar a palavra a uma indiscutível autoridade nessa matéria, Tomás de Aquino, esse doutor e santo eminente, manso como um cordeiro: *Beati in regno coelesti videbunt poenas damnatorum, ut beatitudo illis magis complaceat* [Os bem-aventurados no reino celeste verão as penas dos condenados, para que a beatitude os torne mais felizes].

Pois bem, se quisermos ouvir palavras mais vigorosas, saídas da boca, por exemplo de um Padre da Igreja triunfante que desaconselhava a seus fiéis as voluptuosidades cruéis dos espetáculos públicos – por que não? Em *De spectaculis*, cap. 29 (de Tertuliano) diz: "A fé nos oferece bem mais e um bem mais vigoroso; a redenção coloca à nossa disposição alegrias bem diferentes; em vez dos atletas, temos nossos mártires; se quisermos sangue, pois bem, temos o sangue de Cristo... Mas que é tudo isso comparado com o que nos reserva no dia de sua volta, no dia de seu triunfo?" E aí vai como continua esse visionário em êxtase: "*At enim supersunt alia spectacula, ile ultimus et perpetuus judicii dies, ille nationibus insperatus, ille derisus, cum tanta saeculi vetustas et tot ejus nativitates uno igne haurientur. Quae tunc spectaculi latitudo! Quid admirer! Quid rideam! Ubi gaudeam! Ubi exultem, spectans tot et tantos reges, qui in caelum recepti nuntiabantur, cum ipso Jove et ipsis suis testibus in imis tenebris congemescentes! Item praesides (os governadores de províncias) persecutores dominici nominis saevioribus quam ipsi flammis saevierunt insultantibus contra christianos liquescentes! Quos praeterea sapientes illos philosophos coram discipulis suis una conflagrantibus erubescentes, quibus nihil ad Deum pertinere suadebant, quibus animas aut nullas aut non in pristina corpora redituras affirmabant! Etiam poetas non ad Rhadamanti nec ad Minois, sed ad inopinati Christi tribunal palpitantes! Tunc magis tragoedi audiendi, magis scilicet vocales (mais em voz, urrando mais alto ainda) in sua propia calamitate; tunc histriones congnoscendi, solutiores multo per ignem; tunc spectandus auriga in flammea rota totus rubens, tunc xystici contemplandi non in gymnasiis, sed in igne jaculati, nisi quod ne tunc, quidem illos vellim vivos, ut qui malim ad eos potius conspectum insatiabilem conferre, qui in dominum desaevierunt. "Hic est ille, dicam, fabri aut quaestuariae filius* (como o mostra a seguir, e em particular essa designação talmúdica bem conhecida da mãe de Jesus, são os judeus que Tertuliano visa a partir daqui) *sabbati destructor, samarites et daemonem habens. Hic est, quem a Juda redemistis, hic est ille arundine et colaphis diverberatus sputamentis dedecoratus, felle et aceto potatus. Hic est, quem clam discentes subripuerunt, ut resurrexisse dicatur vel hortulanus detraxit, ne lactucae suae frequentia commeantium laederentu". Ut talia spectes, ut talibus exultes, quis tibi praeter aut consul, aut quaestor, aut sacerdos de sua liberalitate praestabit? Et tamen haec jam habemus quodammodo per fidem spiritu imaginante repraesentata. Ceterum qualia illa sunt, quae nec oculus vidit nec auris audivit nec in cor hominis ascenderunt? (I ad Corinthios, II, 9). Credo circo et utraque cavea* (primeira e segunda galeria, ou conforme outros, cena cômica e cena trágica) *et omni stadio gratiora*" [Mas há, com efeito, outros espetáculos nesse último e perpétuo dia do julgamento, nesse dia que as nações não esperam, nesse dia em que elas se riem, em que toda a antiguidade desse mundo e todas as suas gerações queimarão num fogo único. Que grande espetáculo então! Como o admirarei! Como rirei! Como me alegrarei! Como exultarei, ao olhar esses grandes reis, dos quais se proclamava que seriam recebidos nos céus, gemendo todos juntos no mais profundo das trevas, com Júpiter em pessoa e suas testemunhas todas! De igual modo os governadores, perseguidores do nome de Deus, derretendo nas chamas mais cruéis que aquelas que eles próprios acenderam para insultar os cristãos! E, além disso, ver rugindo esses sábios filósofos diante de seus discípulos queimando com eles, eles que apregoavam que Deus não se importa com nada, que afirmavam que as almas não são nada ou que não retornam ao corpo de antes! E ainda os poetas tremendo diante do tribunal, não de Radamante e de Minos, mas de Cristo, coisa que não esperavam! É então que as mensagens dos autores de tragédias serão mais bem entendidas, na própria voz deles, em sua própria infelicidade; é então que serão conhecidos os histriões, nitidamente sugados pelo fogo; é então que será observado o auriga, todo vermelho em suas rodas de chamas, é então que serão contemplados os atletas, não em seus ginásios, mas lançados no fogo, se não fosse a eles mesmos que gostaria de ver vivos, preferindo dirigir meu olhar insaciável sobre aqueles que se encarniçaram contra o Senhor. "Aí está, diria eu, o filho do carpinteiro ou o filho da virgem, o destruidor do Sábado, o samaritano possuído pelo demônio. Aí está aquele que vocês compraram de Judas, aquele que açoitaram, aquele em quem bateram, aquele que insultaram com cusparadas, aquele que obrigaram a beber fel e vinagre. Aí está aquele que seus discípulos que raptaram às escondidas para poder dizer que havia ressuscitado ou que um jardineiro levou para evitar que a multidão daqueles que vão e vêm não crie confusão." Para ver tais espetáculos, para se alegrar com esses espetáculos, qual é o pretor, o cônsul, o questor ou o sacerdote que agiria com liberalidade? Entretanto, nós os temos desde agora de certa maneira, pela fé, representados pelo espírito que os imagina. Que são, de resto, essas coisas que o olho jamais viu, que os ouvidos jamais ouviram, que não chegaram até o coração do homem? Julgo-as muito mais agradáveis que o circo, que as duas categorias de espetáculos, que todos os estádios].

Per fidem [dou fé], porque isso está assim escrito.

16

Chegamos à conclusão. Os dois valores opostos "bom e mau", "bom e malvado" travaram durante milhares de anos um combate terrível e embora seguramente o segundo valor seja há muito tempo preponderante, não faltam ainda hoje áreas onde o combate continua indefinido. Poder-se-ia até mesmo dizer que parou de se elevar e, em decorrência disso, tornar-se sempre mais profundo e mais espiritual, de modo que hoje não há talvez sinal mais característico da "natureza superior", da natureza verdadeiramente espiritual que estar em dissensão no sentido que se acaba de evocar e continuar sendo um verdadeiro campo de batalha em que se defrontam esses opostos.

O símbolo desse combate, traçado em caracteres legíveis no decorrer de toda a história da humanidade até hoje, é o seguinte: "Roma contra a Judeia, a Judeia contra Roma". Até ao dia de hoje não houve acontecimento mais notável que essa luta, essa disputa, esse conflito mortal. Roma via no judeu alguma coisa como a própria contra-natureza, um antípoda monstruoso; para Roma, o judeu passava a ser "um *convicto de ódio* contra todo o gênero humano" e, com razão, se é certo que a salvação e o futuro da humanidade consiste no domínio absoluto dos valores aristocráticos, dos valores romanos. Pelo contrário, que opinião tinham os judeus a respeito de Roma? Mil indícios nos permitem adivinhá-lo, mas basta recordar o *Apocalipse* de João, a mais grosseira de todas as explosões ocultas que a vingança tem sobre a consciência. (Não se deve, por outro lado, subestimar a profunda coerência do instinto cristão, quando associou esse livro de ódio ao nome do discípulo do amor, do discípulo a quem se atribuía esse evangelho que exalta o sentimento do amor; há nisso algo de verdadeiro, não importando a trapaça literária que tenha sido usada para esse efeito).

Os romanos eram de fato os fortes e os nobres, mais que todos os povos da terra; cada vestígio da sua dominação, a menor inscrição nos maravilha e nos deixa perplexos. Os judeus, pelo contrário, eram por excelência o povo sacerdotal do ressentimento, dotado de uma genialidade ímpar em matéria de moral popular: basta comparar os judeus com os povos de caráter semelhante, como os chineses e os alemães, para sentir qual é o de primeira ordem e qual o de quinta ordem. Qual desses povos cantou vitória, Roma ou a Judeia? A resposta não oferece dúvida: note-se que hoje na mesma Roma, como a quintessência de todos os valores supremos, e não somente em Roma, mas quase na metade do mundo, em toda a parte onde o homem se tornou civilizado ou tende a tornar-se, a humanidade se inclina diante de *três judeus* e de uma *judia* (diante de Jesus de Nazaré, do pescador Pedro, do fabricante de tapetes Paulo e a mãe desse Jesus mencionado em primeiro lugar, chamada Maria). Esse é um fato notável, sem dúvida alguma, Roma foi vencida.

É verdade que o Renascimento viveu um despertar magnificamente inquietante do ideal clássico, do modo de avaliação nobre de todas as coisas: como um ser aparentemente morto que desperta, a própria Roma se agitou sob o novo enfoque da nova Roma judaizada edificada sobre suas ruínas e que apresentava o aspecto de uma sinagoga ecumênica, chamada "Igreja"; mas em breve a Judeia tornou a triunfar, graças a esse movimento de ressentimento (alemão e inglês) fundamentalmente plebeu, que se chama Reforma, à qual é preciso acrescentar o que foi sua consequência necessária, a restauração da Igreja – a restauração, portanto, do antigo silêncio sepulcral da Roma clássica.

Num sentido ainda mais decisivo e profundo que antes, com a revolução francesa, a Judeia cantou novamente vitória sobre o ideal clássico: a última nobreza política, que ainda subsistia na Europa, aquela dos séculos XVII e XVIII franceses, cedeu sob os instintos de ressentimento do populacho – jamais se ouviu na terra um clamor mais amplo de alegria, entusiasmo mais ensurdecedor! E foi precisamente no meio de tudo isso que o mais formidável, o mais inesperado aconteceu: o ideal antigo levantou-se em *carne e osso* e, revestido de um esplendor de que não se tinha ideia, apareceu aos olhos e à consciência da humanidade e, de novo, mais forte, mais penetrante que nunca, diante da velha palavra de ordem mentirosa do ressentimento, proclamando o *privilégio da maioria*, diante da vontade de humilhação, do envilecimento, da nivelação, do declínio e da marcha para o crepúsculo do homem, ressoou a palavra de contraordem terrível e fonte de arrebatamento, proclamando o *privilégio da minoria!* Essa é a última indicação mostrando o *outro* caminho; apareceu Napoleão, homem único e tardio como ninguém e, por meio dele, o problema encarnado do *ideal nobre em si* – que se considere bem de *que tipo* de problema se trata: Napoleão, essa síntese de *desumano* e de *sobre-humano*!

17

E isso é tudo? Essa oposição de ideais, a maior de todas, foi relegada para sempre *ad acta*? Ou somente adiada e por longo tempo?... Não veremos algum dia reanimar-se o antigo incêndio com maior violência que nunca, após uma preparação mais longa ainda? Mais ainda: não devemos desejá-lo com todas as nossas forças? E mesmo querer isso? E até mesmo favorecê-lo?... Aquele que nesse ponto começar a refletir, como fazem decerto meus leitores, dificilmente acharão saída, o que é também para mim razão suficiente para concluir este capítulo, porque creio que já se terá adivinhado o que entendo precisamente por essa perigosa palavra de ordem, talhada sob medida para meu último livro: *Além do bem e do mal*... De maneira nenhuma quer dizer "Além do bom e do mau".

Nota

Aproveito a ocasião que me oferece este tratado para exprimir de maneira pública e formal um desejo que até hoje só havia exteriorizado conversando com alguns sábios. Seria para desejar que alguma Faculdade de Filosofia promovesse estudos relativos à *História da moral*, por meio de uma série de memórias acadêmicas destacadas. Talvez este livro sirva para dar um impulso vigoroso nesta direção. Na perspectiva de uma possibilidade desse gênero, proponho o seguinte: ela merece a atenção dos filólogos e dos historiadores, não menos daquela dos universitários especializados por profissão em filosofia.

"Que indicações nos fornece a linguística e particularmente a pesquisa etimológica, relativamente à história do desenvolvimento dos conceitos morais?"

Por outro lado, seria certamente necessário obter também a colaboração dos fisiólogos e dos especialistas em medicina nesses problemas (tratando do valor das avaliações existentes hoje). Nesse caso particular, poder-se-ia confiar aos filósofos o papel de porta-voz e de mediador, no momento em que chegaram no conjunto a transformar a relação entre filosofia, fisiologia e medicina, anteriormente tão reticente e tão desconfiada, num intercâmbio extremamente amistoso e frutuoso.

De fato, todos os quadros de valores, todos os "tu deves" de que falam a história e os estudos etnológicos, requerem uma elucidação e uma interpretação fisiológica, muito mais que psicológica; todos esperam de igual modo uma crítica por parte da ciência médica. A questão de quanto vale esse ou aquele quadro de valores e de "moral", pode ser examinada sob as perspectivas mais diversas; não se poderia notadamente utilizar de demasiada delicadeza ao dissecar o "valor em vista de quê?". Uma coisa que tivesse grande valor para a conservação de uma raça, poderia não tê-lo se se tratasse de criar um tipo mais forte. O bem-estar da maioria e o bem-estar da minoria são dois pontos de vista axiologicamente opostos: considerar *em si*, de uma só vez, o primeiro como aquele que possui mais valor é o que deixaremos à simplicidade dos biólogos ingleses... *Todas* as ciências devem preparar a tarefa do futuro do filósofo; essa tarefa consiste em resolver o *problema do valor*, em determinar a *hierarquia dos valores*.

Segundo Tratado

"Falta", "má consciência" e fenômenos coligados

1

Educar um animal que pode fazer promessas, não é a tarefa paradoxal que a natureza se se impôs com relação ao homem? Não é esse o verdadeiro problema *do* homem?... A certeza de que esse problema foi de fato resolvido em larga medida parecerá tanto mais maravilhoso para quem sabe apreciar toda a intensidade da força que exerce uma ação contrária, aquela da *tendência ao esquecimento.* A tendência ao esquecimento não se reduz a uma *vis inertiae* [força de inércia] como creem os superficiais, é muito mais um entrave ativo, uma faculdade moderadora, à qual devemos o fato de que tudo quanto nos acontece na vida, tudo quanto experimentamos, se apresenta à nossa consciência durante a fase de "digestão" (que poderia chamar-se "inspirituação") que o conjunto processo de mil facetas, segundo o qual se efetua nossa nutrição corporal, o que pode ser chamado "incorporação".

Fechar momentaneamente portas e janelas da consciência, permanecer insensível ao barulho e à luta próprios do trabalho de colaboração e de oposição do mundo subterrâneo de órgãos que se constituem em nossos servidores; um pouco de silêncio, um pouco de *tabula rasa* de nossa consciência, e de fato praça limpa para algo novo, antes de tudo para as funções e os funcionários mais nobres, para o governo, a previsão, a determinação por antecipação (porque nosso organismo está estruturado de maneira oligárquica) – essa é a utilidade dessa tendência ao esquecimento ativo, como já disse, espécie de porteiro vigilante encarregado de manter a ordem psíquica, a tranquilidade, a etiqueta. Isso indica de uma só vez a que ponto não poderia haver felicidade, alegria de espírito, esperança, orgulho, *presente* sem tendência esquecimento.

O homem em quem não funciona esse aparelho amortecedor está deteriorado e fora de uso, comparável a um dispéptico (e não somente comparável), nunca chega "ao fim" de nada... É justamente esse animal inclinado necessariamente ao esquecimento, para quem o esquecimento representa uma força, uma forma de saúde robusta, que criou para si uma faculdade contrária, a memória, por meio da qual contrabalança, em certos casos, o esquecimento – a saber, nos casos em que subsiste a obrigação de prometer; não se trata, portanto, simplesmente da impossibilidade puramente passiva de se subtrair da impressão, uma vez que esta tiver sido gravada, nem simplesmente do mal-estar causado por uma palavra dada e não cumprida, mas pelo contrário se trata da vontade ativa de guardarmos impressões, trata-se de uma continuidade no querer, de uma verdadeira *memória da vontade*; de modo que, entre o primitivo "eu quero", "farei" e o cumprimento real da vontade, seu ato, pode interpor-se sem suscitar perturbações todo um mundo de coisas, de circunstâncias e mesmo de atos de vontade novos, estranhos, sem que essa longa cadeia de querer se rompa. Mas quantas coisas tudo isso não pressupõe!

Como é necessário que o homem, para dispor assim por antecipação do futuro, tenha começado por aprender a separar o acontecimento necessário do fortuito, a pensar de maneira causal, a ver o distante e a antecipar-se a ele como se estivesse presente, a fixar com segurança o que é objetivo, o que é meio para atingi-lo, de maneira geral a calcular, a saber calcular – como foi necessário que para isso o próprio homem se tivesse primeiramente tornado *calculável, regular, necessário*, até em sua própria representação de si, para chegar desse modo a poder, como o faz um ser que promete, estabelecer-se como garantia de si mesmo *como futuro*!

2

É justamente isso que constitui a longa história da origem da *responsabilidade*. Essa tarefa, educar um animal que possa fazer promessas, pressupõe, como já foi dito, a título de condição e de preparação, outra tarefa, mais imediata, a de começar por tornar o homem, até certo ponto necessário, uniforme, semelhante entre os semelhantes, regular, e, por conseguinte, calculável. O prodigioso trabalho daquilo que chamei "moralidade dos costumes" (ver *Aurora*, p. 7,13,16), o verdadeiro trabalho do homem sobre si mesmo durante o mais longo período da espécie humana, todo o seu trabalho *pré-histórico*, encontra aqui sua significação e sua justificação, qualquer que seja o grau de tirania, de estupidez e de idiotice; unicamente pela moralidade dos costumes e pela camisa de força social, o homem *chegou a ser* realmente calculável.

Se, por outro lado, nos referirmos ao termo desse formidável processo, onde a árvore termina por produzir seus frutos, onde a sociedade com sua moralidade dos costumes acaba por expor à luz do dia que ela não passava de um meio, o que encontramos, o fruto mais maduro dessa árvore, é o *indivíduo soberano*, o indivíduo próximo de si mesmo, o indivíduo livre da moralidade dos costumes, o indivíduo autônomo e super-moral (porque "autônomo" e "moral" se excluem um ao outro), numa palavra, o homem dotado de vontade própria, independente, persistente, o homem que tem o *direito de prometer* – e que possui em si mesmo a consciência orgulhosa, que faz vibrar todos os seus músculos, por aquilo que acabou de conseguir e por se encarnar em si, uma verdadeira consciência de seu poder e de sua liberdade, um sentimento de plenificação do homem em geral. Esse homem livre que se tornou livre, que tem realmente o direito de prometer, esse senhor de vontade livre, esse soberano – como poderia ignorar quanta superioridade lhe é assim conferida sobre tudo aquilo que não tem direito de prometer nem de responder por si mesmo, quanta confiança, quanto temor e quanto respeito inspira – ele "merece" os três – e quanto esse domínio de si lhe confere necessariamente também o domínio das circunstâncias, da natureza e de todas as criaturas de vontade mais diminuta e menos fraca? O homem "livre", o detentor de uma vasta vontade, indestrutível, apresenta igualmente nessa posse seu *critério de medida do valor*: é considerando o outro a partir de si mesmo que o respeita ou o despreza e assim como venera necessariamente seus semelhantes, os fortes e confiáveis (aqueles que *estão no direito* de prometer) – portanto, qualquer um que prometa como soberano, difícil, rara, lentamente, quem é avaro de sua confiança, que dá sua palavra como alguma coisa sobre a qual se pode contar, porque se sente capaz de cumpri-la, a despeito de tudo, mesmo a despeito do "destino" – assim também estará necessariamente disposto a dar um pontapé nos miseráveis que prometem sem ter direito para isso e a castigar com o açoite o mentiroso que trai sua palavra no mesmo momento em que sai de sua boca.

Conhecer com orgulho o extraordinário privilégio da *responsabilidade*, ter consciência dessa liberdade rara, desse poder sobre si e sobre seu destino, aí está quem penetrou até as profundezas últimas de sua pessoa e que se tornou instinto, instinto dominante – que nome lhe dará a esse instinto dominante, supondo que sinta a necessidade de conferir-lhe um nome? Isso não oferece dúvida alguma: o homem soberano o chamará de sua *consciência*...

3

Sua consciência?... Compreende-se de antemão que o conceito de "consciência", que aqui encontramos sob sua configuração mais elevada, quase insólita, já tenha atrás de si uma longa história e mutação de formas. Responder por si mesmo e responder com orgulho e, portanto, *ter o direito de dizer sim a si mesmo* – aí está, como já foi dito, um fruto maduro, mas também um fruto tardio: quanto tempo deve esse não teve de ficar suspenso na árvore, azedo e verde! E durante muito mais tempo ainda, não se via absolutamente nada desse fruto, ninguém podia fazer dele um objeto de promessa, por mais que na árvore tudo estivesse preparado para que se desenvolvesse precisamente em vista disso.

"Como se pode fazer o homem animal com uma memória? Como é que, nessa inteligência de momento, pela metade obtusa e pela metade turva, nessa tendência ao esquecimento encarnado, se pode imprimir alguma coisa de tal maneira que permaneça sempre presente?... Esse problema tão antigo quanto o mundo não foi resolvido, como se pode pensar, por meios e respostas muito delicados; talvez em toda a pré-história do homem não haja nada mais terrível nem mais inquietante que sua *mnemotécnica*. "Marca-se alguma coisa com ferro em brasa para que isso permaneça na memória; somente aquele que não cessar de fazer o mal permanece na memória" – esse é um dos princípios fundamentais mais antigos (infelizmente, também o mais duradouro) da psicologia no mundo.

Poderíamos mesmo dizer que, sempre que na vida dos homens e dos povos, há solenidade, gravidade, mistério e cores sombrias, é que fica um vestígio de terror que em outros tempos, em todo o mundo, presidia as transações, os contratos, as promessas: o passado, o longínquo, obscuro e cruel passado, ferve em nós quando ficamos "sérios". Quando o homem julgava necessário criar uma memória, isso era acompanhado sempre de sangue, de mártires, de sacrifícios; os mais espantosos holocaustos e os compromissos mais horríveis (como o sacrifício dos primogênitos), as mutilações mais repugnantes (como a castração), os rituais mais cruéis de todos os cultos religiosos (porque todas as religiões foram em última análise sistemas de crueldade), tudo isso tem sua origem naquele instinto que soube descobrir na dor o auxílio mais poderoso da memória.

Em certo sentido, todo o ascetismo pertence a esse domínio: certas ideias devem tornar-se indeléveis, onipresentes, inaudíveis, "fixas" com fim de hipnotizar o sistema nervoso e intelectual, suprimindo a concorrência das outras ideias – e as técnicas e formas de vida ascéticas são um meio para subtrair essas ideias da concorrência de outras ideias, de torná-las "inesquecíveis". Quanto menos memória tinha a humanidade, mais seus costumes tiveram, cada vez, um aspecto terrificante; a duração das leis relativas aos castigos, em particular, fornece um critério que permite apreciar as dificuldades que ela experimentou sair vitoriosa sobre a tendência ao esquecimento e para manter presentes na memória desses escravos das paixões e dos desejos algumas exigências primitivas da vida social.

Nós, os alemães, não nos julgamos como um povo particularmente cruel e insensível, menos ainda de caráter leviano e pouco previdente; mas basta consultar nossos antigos códigos de penas aplicadas para descobrir o que custa no mundo para formar um "povo de pensadores" (quero dizer o povo da Europa em que ainda hoje se encontra o máximo de confiança, de seriedade, sem gosto e objetividade, e ao qual essas qualidades conferem o direito de educar toda espécie de mandarins da Europa). Digo que os alemães tiveram de recorrer aos meios mais atrozes para lograrem uma memória que os tornasse senhores de seus instintos fundamentais, de seus instintos plebeus e quase animais. Recordem-se os antigos castigos na Alemanha, entre outros a lapidação (já a lenda fazia cair a mó do moinho sobre a cabeça do culpado), o suplício da roda (invenção e especialidade mais característica do gênio alemão no reino do castigo!), o suplício do empalamento, o suplício em despedaçar o supliciado por meio de cavalos em corrida (o esquartejamento), o emprego do azeite ou do vinho para ferver o condenado (isso ainda nos séculos XIV e XV), o esfolamento, prática muito apreciada (o corte em tiras longas e estreitas), a excisão de carne do peito, ou expor o malfeitor untado de mel sob um sol ardente às picadas das moscas. Em virtude de semelhantes espetáculos e e semelhantes procedimentos, conseguiu-se fixar na memória cinco ou seis "não quero", cinco ou seis promessas, para viver usufruindo das vantagens da sociedade – e efetivamente! Graças a essa espécie de memória, conseguimos finalmente mostrar-nos "razoáveis!" – Ah! a razão, a seriedade, o domínio das paixões, todo esse tenebroso negócio que se chama reflexão, todos esses privilégios e esses atributos pomposos do homem, como custaram caro! Quanto sangue e quanto horror repousa no fundo de todas as "coisas boas"!

4

Mas como foi que essa "coisa tenebrosa", a consciência da falta, todo essa "má consciência" pôde vir ao mundo? E mais uma vez estamos às voltas com os genealogistas da moral. Repito-o – ou não teria ainda dito qualquer palavra a respeito? – esses são uns incapazes. Alguma experiência pessoal que não vai mais longe que a ponta de seu nariz e pura e simplesmente "moderna"; nenhum conhecimento do passado, nenhuma vontade de conhecê-lo; muito menos instinto histórico, essa "segunda visão" que é precisamente indispensável aqui e, contudo, põem-se a escrever a história da moral; forçosamente chegam a conclusões que só têm com a verdade uma relação extremamente frágil. Esses homens que se ocupam de genealogia da moral suspeitaram alguma vez que, por exemplo, o conceito moral fundamental de "falta" provém do conceito material da "dívida?" Ou que o castigo se desenvolveu a título de *represália*, totalmente distanciado de todo pressuposto que leva à liberdade ou à não-liberdade da vontade? E isso a tal ponto que, exatamente pelo contrário, é necessário sempre em primeiro lugar um alto grau de humanização para que o animal homem comece a distinguir entre ideias muito mais primitivas, por exemplo, o que vem a ser "intencional", "por descuido", "acidental", "plenamente responsável" e seus contrários para colocá-los em relação com o rigor do castigo. Essa ideia, hoje tão geral, na aparência tão natural e necessária, tão inevitável para explicar a formação do sentimento de justiça de que o "criminoso merece o castigo porque teria podido proceder de outro modo", é, realmente, uma forma muito tardia e requintada do juízo e da indução e quem a coloca nas origens erra grosseiramente sobre a psicologia da humanidade primitiva.

Durante todo o período mais longo da história humana, não se castigava o malfeitor porque fosse julgado responsável por seu ato, nem sequer se admitia que só o culpado devia ser castigado. Ao contrário, castigava-se então como os pais castigam agora seus filhos, sob o ímpeto da cólera que suscita um dano sofrido e que passa a cair sobre aquele que o provocou, mas essa cólera é mantida dentro de certos limites e modificada no sentido de que todo dano encontre de algum modo seu equivalente, sendo suscetível de se compensar ao menos por uma dor infligida ao autor do prejuízo. Disso decorre essa ideia velha como o mundo, enraizada profundamente, quase impossível de extirpar hoje, será que essa ideia tirou seu pode de uma equivalência entre dano e dor? Já o disse: da relação contratual entre credor e devedor, que é tão antiga como a própria noção de "pessoa jurídica" e remonta, por sua vez, às formas primitivas da compra, da venda, do escambo, do comércio e do intercâmbio.

5

Quando imaginamos estas relações de contratos, acodem à nossa mente suspeitas e resistências contra a humanidade antiga que inventou ou autorizou essas relações. É precisamente aqui que se promete, que se trata de *fazer* uma memória para aquele que promete; é precisamente aqui, como se pode suspeitar, que se encontra em abundância o que é duro, cruel, penoso. O devedor, para inspirar confiança em sua promessa, para dar uma garantia de sua seriedade e honradez, para gravar em sua própria consciência a necessidade de pagamento sob a forma de dever, de obrigação, compromete-se, em virtude de um contrato com o credor, a indenizá-lo, em caso de insolvência, com alguma coisa que "possui", por exemplo, com seu cargo, com sua mulher, com sua liberdade, com sua vida (ou, no caso dos pressupostos religiosos determinados, até com sua beatitude, com a salvação de sua alma, com a paz de seu túmulo, por exemplo, no Egito, onde o cadáver do devedor, mesmo no túmulo, não podia escapar do credor para encontrar repouso – entre os egípcios certamente esse repouso tinha um significado considerável).

Mas o credor podia infligir ao corpo do devedor toda espécie de ultrajes e de torturas, por exemplo, cortar dele aquelas partes que parecessem proporcionais à importância da dívida; baseando-se nesta maneira de ver, houve, desde tempos remotos e em toda parte, avaliações precisas, atrozes de uma parte, estimativas que definiam o direito relativo a cada um dos membros e a cada uma das partes do corpo. E é já um progresso, é prova de uma concepção jurídica mais livre, mais magnânima, mais romana, quando exatamente a legislação romana das Doze Tábuas, que estabelecia ser indiferente que o credor tomasse mais ou menos, *si plus minusve secuerunt, ne fraude esto* [que cortem mais ou menos, não há nisso delito].

Consideremos com clareza a lógica de toda essa forma de compensação; é, como mínimo, bastante singular. A equivalência consistia em que a uma vantagem correspondesse de maneira direta um dano (portanto, em lugar de uma compensação em dinheiro, em terras, em bens de qualquer tipo, etc.), concedendo ao credor certa satisfação a título de compensação e pagamento, a satisfação de exercer impunemente seu poder com relação a um ser privado de poder, o deleite de *fazer o mal pelo gosto de fazê-lo*, a alegria de exercer violência, alegria que será tanto mais intensa quanto mais baixa for na escala social a classe do credor, quanto mais humilde sua condição na organização social: ser-lhe-á tão saborosa como uma iguaria ou como um antegozo de condição superior. Pelo castigo de seu devedor, o credor participa do *direito dos amos*: ele também tem acesso enfim ao sentimento enobrecedor de estar no direito de desprezar a maltratar um ser que lhe é inferior – ou pelo menos, no caso em que o verdadeiro poder de castigar, a administração do castigo já tiver sido transferida à "autoridade", contenta-se em *vê-lo* maltratado e desprezado. A compensação consiste, pois, num mandato e num título que autorizam a crueldade.

6

É nessa esfera, no direito das obrigações, portanto, que se encontra a origem, no mundo dos conceitos morais, de "falta", de "consciência", de "dever", de "caráter sagrado do dever" – seu início foi, como o começo de tudo o que há de grande na terra, fundamental e longamente banhado de sangue. Não se poderia acrescentar com muita razão que fundamentalmente esse mundo nunca se livrou de certo cheiro de sangue e de tortura? (isso consta até mesmo no velho Kant: o imperativo categórico respira crueldade...). É aqui, de igual modo, que esse encadeamento de ideias inquietante e tendo-se talvez tornado indissociável, "falta e sofrimento" foi operado pela primeira vez. Mas, como pode o sofrimento compensar as "dívidas"? Na verdade, fazer sofrer fazia bem em supremo grau, uma vez que a vítima do dano se satisfazia do dano causado, ao qual se acrescenta o desprazer ligado ao prejuízo compensado por outro prazer extraordinário: *fazer* sofrer – uma verdadeira *festa*, alguma coisa que, como foi dito, possuía um preço tanto mais elevado quanto fosse mais evidente a contradição com a classe e a posição social do credor fosse mais importante. Isso é dito como uma probabilidade, porque é difícil ver claramente o fundo dessas coisas subterrâneas, independentemente de que isso é realmente doloroso. Mas o que introduz nessa questão a ideia de "vingança" torna mais espessas as trevas em vez de as dissipar, porque a vingança nos conduz ao mesmo problema: "Como é que fazer sofrer pode ser uma reparação?"

É verdade que repugna à delicadeza, mais ainda à hipocrisia de animais domesticados (quero dizer os homens modernos, quero dizer nós) representar-se com todo o rigor até que ponto a crueldade era alegria festiva na humanidade primitiva e entrava como ingrediente em quase todos os seus prazeres; por outro lado, com que ingenuidade, com que inocência se apresenta essa necessidade de crueldade, essa "maldade desinteressada" (ou, como diz Espinosa, *sympathia malevolens*), e como parece ser atributo moral do homem e, portanto, alguma coisa a que a consciência pode orgulhosamente responder "sim". Um olhar penetrante talvez reconheça hoje no homem os vestígios dessa alegria festiva; em *Além do bem e do mal* (p. 177 e seguintes) e antes em *Aurora* (p. 17, 18, 102), indiquei já de maneira circunspecta a espiritualização e a "deificação" da crueldade que não cessa de crescer e atravessa toda a história da cultura superior (e mesmo, num sentido importante, a constitui).

Em todo o caso, não faz muito tempo que não se podia conceber um casamento principesco acompanhado de festas populares sem execuções, torturas e autos-de-fé, assim como, nas casas dos nobres havia que dar livre curso à maldade ou a facécias cruéis (recorde-se Don Quixote em casa da duquesa; ao lê-lo hoje, sentimos na boca um gosto amargo, coisa que parecia estranha e ainda incompreensível ao autor e a seus contemporâneos, porque liam esse livro com a consciência mais tranquila, como se fosse o mais cômico dos livros e quase morriam de rir).

Ver sofrer, faz bem; fazer sofrer, melhor ainda: aí está um duro princípio, mas um princípio fundamental antigo, poderoso, humano, demasiado humano, ao qual talvez subscrevessem os macacos, porque, de fato, diz-se que com a invenção de bizarras crueldades já prenunciavam o homem e precediam sua vinda. Sem crueldade não há festa: é isso o que ensina a mais antiga e longa história do homem; no castigo há muita *festa*!

7

Estas reflexões não são para levar água ao moinho que range de desgosto pela vida, que aquele de nossos pessimistas; pelo contrário, deve-se atestá-lo expressamente, outrora, quando a humanidade não se envergonhava ainda de sua crueldade, a vida sobre a terra era mais serena e feliz que nesta época de pessimismo. O sombrio na abóbada celeste cresceu em proporção da vergonha que o homem experimentou à vista de outro homem. O olhar pessimista e fatigado, a desconfiança no enigma da vida, a glacial negação ditada pelo enfado, não são os sinais característicos daquela cruel infância da humanidade; pelo contrário, verdadeiras plantas dos pântanos necessitavam que se formassem no pântano, em que haviam de viver; refiro-me ao doentio moralismo que ensinou o homem a envergonhar-se de todos os seus instintos.

Em seu esforço em converter-se em anjo (para não empregarmos uma palavra mais dura), o homem conseguiu essa fraqueza do estômago e essa linguagem mentirosa que lhe tornam insípida e dolorosa a vida, de modo que, algumas vezes, inclina-se sobre si mesmo, tapando o nariz e, como o Papa Inocêncio III, faz o catálogo de suas fraquezas e misérias, "procriação impura, nutrição nauseabunda no corpo da mãe, má qualidade da substância donde provém o homem, mau cheiro, secreção de saliva, de urina e de excrementos".

Hoje, que se costuma invocar a dor como o primeiro argumento contra a existência, como o problema mais funesto da vida, bom será recordar aquele tempo em que se pensava o contrário, porque não se podia passar sem fazer sofrer e nisso havia uma diversão de primeira ordem, um verdadeiro regozijo na vida. Talvez na época – seja dito para consolo das pessoas sensíveis – a dor não era sentida tanto como agora; pelo menos, essa é a opinião de um médico que tratou dos negros (tomados aqui como representantes do homem pré-histórico) que sofrem de inflamações internas graves que levariam ao desespero até mesmo o de melhor constituição física dos europeus – coisa que essas inflamações não provocam nos negros (A curva da receptividade humana para o sofrimento parece, de fato, baixar extraordinariamente enquanto se passam os primeiros dez milhares ou milhões de anos; de minha parte creio que uma só mulher histérica sofre numa noite o que todos os animais, cujas carnes palpitantes foram dilaceradas para obter respostas científicas, poderiam sofrer, mas isso simplesmente não deve ser tomado em consideração). Talvez deva admitir-se a possibilidade que esse prazer pela crueldade não desapareceu; apenas se tornou mais sutil, se revestiu das cores da imaginação, se espiritualizou e se cobre com nomes hipócritas: "compaixão trágica" é um desses designativos, "nostalgias da cruz" é outro.

O que verdadeiramente nos revolta não é o sofrimento em, mas a falta de sentido do sofrimento: nem para o cristão que fazia entrar na dor todo um mecanismo de redenção, nem para o homem simples dos antigos tempos que interpretava a dor em sua relação com o espectador ou com o verdugo, existiu nunca tal falta de sentido. E para desterrar no mundo a dor oculta e sem testemunhas, para negá-la de boa fé, tornou-se necessário inventar deuses e criaturas intermediárias que olham nas trevas e são testemunhas de todas as dores. Com a ajuda dessas invenções, a vida conseguiu justificar seu próprio "mal": talvez hoje precisássemos de outras invenções, por exemplo, de considerar a vida como um enigma e a vida como um problema de conhecimento. "Para cada mal feito, segundo essa visão, um deus é justificado". Assim fala a antiga lógica do sentimento e, para dizer a verdade, isso ocorria somente nesses tempos remotos?

Os deuses, como afeiçoados aos espetáculos cruéis – oh! a que ponto essa representação velha como o mundo investe ainda em nossa civilização europeia! Consulte-se, por exemplo, a esse respeito Calvino e Lutero. Os gregos sabiam como oferecer com agradáveis acompanhamentos a felicidade de seus deuses, isto é, com os prazeres da crueldade. Como olhavam os deuses de Homero o destino dos homens? Qual era o sentido derradeiro da guerra de Troia e de outros horrores trágicos? Nesse ponto não há dúvida: eram festivais dramáticos que alegravam os deuses e como o poeta é de uma espécie que alegrava os deuses, e como o poeta é de uma espécie mais "divina" que o resto da humanidade, também para ele eram festivais dramáticos...

Mais tarde, os filósofos da moral na Grécia pensavam que os deuses se entretinham em abaixar-se para contemplar a luta moral, o heroísmo e as torturas que os virtuosos se impunham: o "Hércules do dever", estava num teatro e sabia; a virtude sem testemunhas era inconcebível para esse povo de comediantes. A invenção tão temerária e nefasta do "livre arbítrio", da absoluta espontaneidade do homem pra o bem e para o mal, não deve sua origem à necessidade de justificar o interesse inesgotável que os deuses acham na virtude humana? Nessa cenário do mundo, não devia haver sempre verdadeiras novidades, interesse, tensões, intrigas, catástrofes verdadeiramente inauditas? Os amigos dos deuses, os filósofos haviam de oferecer aos imortais um mundo determinado, monótono e fastidioso? Toda a humanidade antiga está cheia de respeito para com o "espectador", porque este mundo estava feito para os olhos e não podia conceber-se a felicidade sem espetáculos e sem festas. Até o grande castigo, como já disse, se transformava numa festa!...

8

O sentimento de falta, de compromisso pessoal, para retomar o curso de nosso estudo, teve sua origem, segundo vimos, na relação mais antiga e mais primitiva entre pessoas, na relação entre credor e devedor; aqui, pela primeira vez, a pessoa se defrontou com a pessoa, é aqui que pela primeira vez a pessoa *se mediu* com a pessoa. Não há estado social, por mais rudimentar que seja, em que se não observem essas relações.

Fixar preços, estimar valores, imaginar equivalentes, trocar, tudo isso preocupa de tal modo o pensamento primitivo do homem que, em certo sentido, foi *o* pensamento; aqui aprendeu a exercitar a mais antiga espécie de sagacidade; aqui brotou o primeiro germe do orgulho do homem, do sentimento de sua superioridade sobre os outros animais. Tanto assim que a palavra alemã "*Mensch*" (*manas*) exprime ainda um pouco desse sentimento: o homem designa-se a si mesmo como ser que estima valores, que aprecia e avalia como o animal avaliador por excelência. A compra e a venda e seus corolários psicológicos são anteriores às origens de toda a organização social e o sentimento que nasceu da troca, do contrato, da dívida, do direito, da obrigação, da compensação, transportou-se logo para os complexos sociais mais primitivos e mais grosseiros (em suas relações com outros agrupamentos semelhantes), ao mesmo tempo que o hábito de comparar, medir, calcular uma força com relação a outra força.

O olhar acostumou-se com essa perspectiva e, com essa coerência sólida, própria do pensamento da humanidade antiga, difícil de abalar mas seguindo depois inexoravelmente seu movimento na mesma direção, logo se chegou a essa generalização típica: "Tudo tem seu preço, tudo pode ser pago." Este foi o cânon moral mais antigo e o mais singelo da justiça, o começo de toda "benevolência", de toda "equidade", de toda "boa vontade", de toda "objetividade" na terra. A justiça, nesse primeiro estágio de sua evolução, é a boa vontade entre poderes aproximadamente iguais, que dispõe a "chegar a um acordo" de novo por meio de um compromisso; com relação aos menos poderosos, obriga-os a um compromisso mútuo.

9

Para medir sempre com a medida dos tempos antigos (tempos remotos que, de resto, existem ou são novamente possíveis em qualquer época), é igualmente essa importante relação fundamental, aquela do credor para com seus devedores, que a comunidade defende com referência a seus membros. Vivemos dentro de uma comunidade, usufruímos dos benefícios de uma comunidade (oh, que benefícios! por vezes os subestimamos, hoje), residimos nela protegidos, governados, na paz e na confiança, sem ter com que se preocupar a respeito de certos preconceitos e atos de hostilidade, aos quais fica exposto o homem de fora, o "proscrito" – um alemão sabe o que

Elend [miséria] significava primitivamente – ao contrair um compromisso e uma obrigação para com a comunidade no item preciso desses preconceitos e desses atos de hostilidade.

Caso contrário, o que poderá acontecer? A comunidade, o credor far-se-ão pagar a dívida, da melhor maneira, pode-se contar com isso. Aqui não se trata só de um prejuízo imediato provocado por aquele que é seu autor; colocando à parte este, o criminoso é antes de tudo um "fautor de ruptura", alguém que rompe seu contrato e sua palavra para com o todo, se forem considerados todos os bens e todos os benefícios da vida em comunidade, da qual participou até então. O culpado é um devedor que não só não paga suas dívidas, senão que também ataca o credor: disso se segue que, não somente se verá privado, com justiça, de todos esses bens e vantagens, senão que será relembrado que *esses bens estão longe de ser uma quantidade negligenciável*. A cólera do credor lesado, da comunidade, manda-o de volta ao estado selvagem, põe-no fora da lei, recusa-lhe proteção, a comunidade o expulsa e contra ele já se pode cometer qualquer ato de hostilidade. No estágio corresponde a esse estado dos costumes, o "castigo" é simplesmente a réplica e a imitação do comportamento normal com relação ao inimigo detestado, desarmado, abatido, que foi privado não somente de todo o direito e de toda a proteção, mas também de toda esperança de piedade; é o direito da guerra, portanto, e a festa triunfal do *Vae victis*! [ai dos vencidos!] em toda a sua dureza incrível e sua inexorável crueldade – o que explica que é a própria guerra (incluído o culto guerreiro do sacrifício) que forneceu todas as *formas* sob as quais o castigo aparece na história.

10

Com o aumento de seu poder, uma comunidade não dá mais tanta importância às transgressões do indivíduo, porque já não parecem perigosas nem subversivas; o malfeitor não é mais "proscrito" e expulso, a cólera geral não está mais autorizada a tomar medidas contra ele de maneira tão desenfreada como antes, pelo contrário, o grupo todo defende e protege cuidadosamente o transgressor contra essa cólera, especialmente contra aquela das partes imediatamente lesadas. A decisão de aplacar a cólera dos prejudicados, de circunscrever o caso para evitar distúrbios, de procurar soluções equivalentes para harmonizar tudo (*compositio*) e principalmente de considerar toda a infração como *expiável* e de isolar portanto o delinquente de seu delito, esses são os traços que caracterizam o ulterior desenvolvimento do direito penal.

À medida, pois, que aumenta numa comunidade o poder e a consciência individual, o direito penal não cessa de se suavizar; pelo contrário, ao manifestar-se uma fraqueza ou um grande perigo, reaparecem a seguir as formas mais rigorosas de repressão. O credor se tornou sempre mais humano, na medida em que foi enriquecendo; sua riqueza, em outros termos, se mede pelo número de prejuízos que pode suportar. Não é impossível imaginar para uma sociedade uma *consciência de seu poder*, de modo que se permite o luxo de deixar impunes os que lhe trazem prejuízo. "Que me importam a mim esses parasitas? Que vivam e que prosperem; sou forte o bastante para me não inquietar por causa deles..." A justiça que começou por dizer: "Tudo pode ser pago e deve ser pago" é a mesma que, por fim, se mostra indulgente e não cobra as dívidas de quem não pode pagar – termina como todas as coisas boas no mundo, *suprimindo-se a si mesma*. Essa autodestruição da justiça é chamada *graça* e é privilégio dos mais poderosos, melhor, daqueles que estão além da justiça.

11

Duas palavras contra as recentes tentativas para procurar a origem da justiça em outro terreno totalmente diverso, o *ressentimento*. Aos psicólogos, se algum dia lhes desse na vontade estudar de perto o *ressentimento*, lhes diria ao ouvido que essa árvore conhece hoje sua mais bela floração entre os anarquistas e os anti-semitas, como de resto sempre floresceu, escondida, como a violeta, embora com aroma diferente. E como o semelhante deve sempre produzir o semelhante, não é de surpreender que precisamente nesse terreno tenham sido feitas tentativas e não pela primeira vez (ver parágrafo 14 do primeiro tratado) para consagrar a *vingança* sob o nome de *justiça*, como se a justiça não fosse mais do que uma evolução posterior do sentimento de ofensa – e, com a vingança, provocar com instigação da honra, em geral e em seu conjunto, as emoções *reativas*. Este último causa menos impacto porque seria em seu conjunto um problema biológico, parecendo-me até mesmo um *mérito*, já que até agora essa espécie de emoções foi pouco estudada.

É notável que precisamente do espírito de ressentimento haja saído esse novo motivo de equidade científica (em proveito do ódio, da inveja, do despeito, da desconfiança, do rancor, da vingança). Essa "equidade científica" é interrompida com efeito, de uma vez, para ceder lugar a atos de hostilidade e de parcialidade mortais, desde que se trate de outro grupo de emoções que são, na minha opinião, de valor biológico bem mais elevado que essas emoções reativas e mereceriam, por conseguinte e com maior razão, ser apreciadas e tidas em elevada estima do ponto de vista científico, a saber, as emoções ativas, propriamente falando, como o despotismo, a ambição e outras do mesmo gênero (E. Duhring, *Valor da vida, curso de filosofia*). Isso quanto à tendência da ciência biológica, mas pelo que se refere à tese de Duhring, que a origem da justiça deve ser procurada nas áreas do sentimento reativo, é preciso, por amor da verdade, voltá-lo às avessas e dizer: "O último domínio conquistado pelo espírito de justiça é o domínio do sentimento reativo". Quando acontece deveras que o homem justo continua sendo justo para com aquele que lhe causou dano (justo, e não somente frio, comedido, estranho, indiferente: ser justo implica sempre uma atitude positiva); quando, apesar das ofensas pessoais, dos insultos e das calúnias, conserva inalterável a subjetividade alta e clara, profunda e terna de seu olhar, então será necessário reconhecer nele alguma coisa, assim como a perfeição incarnada, como o maior autodomínio da terra, coisa que nem sempre se deve esperar e facilmente crer.

Em tese geral é mais que, mesmo para as pessoas mais íntegras, basta uma pequena dose de agressão, de malícia, de insinuação, para lhes fazer subir o sangue à cabeça e destruir a equidade. O homem ativo, agressivo, está cem vezes mais próximo da justiça do que o homem "reativo" e não erra tanto seu alvo, porque o homem agressivo, naquilo que é mais forte, mais corajoso, mais nobre teve efetivamente de seu lado o olhar *mais livre*, a *melhor consciência* – de modo inverso, já se adivinha de maneira geral que o homem do ressentimento tem em sua consciência a invenção da "má consciência".

Finalmente, consulte-se a história: em que esfera, de maneira geral, a atuação do direito em seu conjunto e também a verdadeira necessidade do direito, foi exercida na terra? Porventura na esfera do homem reativo? De modo algum; bem pelo contrário, naquela do homem ativo, forte, espontâneo, agressivo. Considerado sob o ângulo histórico, o direito na terra representa justamente – é preciso dizê-lo às expensas do agitador que citei (o qual fez, certa vez, essa afirmação a respeito: "A doutrina da vingança atravessa todos os meus escritos, todas as meus esforços, como o fio vermelho da justiça"), direi que o direito terreno é o emblema da luta dos sentimentos ativos contra os reativos, a fim de obrigá-los a capitular. Onde quer que exista a justiça, vemos um poder forte que procura, com relação aos mais fracos que lhe são sujeitos (quer sejam grupos, que sejam indivíduos), os meios para pôr um termo ao furor absurdo do ressentimento, em parte arrancando o objeto do ressentimento das mãos da vingança, em parte declarando guerra aos inimigos da paz e da ordem, em parte ainda inventando compromissos que propõe e impõem dando força de lei a certas equivalências dos prejuízos, isto é, a todo um sistema de obrigações morais. Tratando, segundo a lei, os atos arbitrários e violentos dos indivíduos como transgressões da própria lei, como desobediência ao poder supremo, esse poder supremo desvia a atenção dos danos imediatos e chega a um termo absolutamente oposto ao que se propõe a vingança, a qual não vê e não avalia senão o ponto de vista da vítima do dano; a partir desse momento, os olhos, mesmo os olhos da vítima do dano (embora esse esteja em último lugar, como foi visto) se habituam a uma apreciação cada vez mais impessoal do fato condenado.

Disso se segue que não há "justo" e "injusto", senão a partir do momento da instauração da lei (e não, como quer Duhring, depois do cometido o ato). Falar de justo e de injusto *em si* não tem sentido, porque uma infração, uma violação, uma espoliação, uma aniquilação não podem ser injustas *em si*, uma vez que a vida procede essencialmente por infração, violação, espoliação, aniquilamentos e não pode em absoluto ser pensada sem essa característica. E é ainda preciso confessar uma coisa mais grave, a saber: sob o ponto de vista biológico, as imposições legais são restrições da vontade de viver propriamente dita, a qual tende à dominação, e estão subordinadas a essa tendência geral, como meios de dominação mais amplos. Imagine-se uma organização jurídica soberana e geral, não como arma para a luta, senão como arma contra a luta, como alguma coisa enfim que fosse conforme o *clichê* comunista de Duhring, como uma regra que nivelasse todas as vontades, e teríamos então um princípio hostil à vida, um fator de dissolução e de destruição do homem, um atentado contra o futuro do homem, um sintoma de cansaço, um desvio que levaria ao nada.

12

Uma palavra ainda sobre a origem e a finalidade do castigo, dois problemas que não se confundem ou que não deveriam ser confundidos, mas infelizmente é usual que sejam colocados em choque. Como procedem nesse caso os genealogistas da moral? Como sempre, ingenuamente; descobrem no castigo um fim qualquer, por exemplo, a vingança ou a intimidação, e colocam esse fim na origem a *causa fiendi* [causa eficiente] do castigo: e a coisa fica por isso mesmo! Mas a finalidade do direito é exatamente a última coisa de que se deva fazer uso para a história da emergência do direito; não há, pelo contrário, nenhum princípio mais importante para a história, sob todas as suas espécies, que aquele que custou tanta dificuldade para sua conquista, mas que *deveria* igualmente *ser* uma conquista efetiva – a saber, que a causa da emergência de uma coisa e sua utilidade, sua aplicação real e sua integração num sistema de finalidades são pontos separados *toto coelo* [totalmente,de ponta a ponta]; que uma vez produzida uma coisa, de uma maneira ou de outra, não cessa de ser interpretada em função de novas intenções por uma poder que lhe é superior, de se ver reconfigurada e reordenada para novo uso; que tudo o que acontece no mundo orgânico está intimamente ligado às ideias de *subjugar*, de *dominar* e que toda a dominação equivale a uma interpretação sucessiva, a um acomodamento da coisa, no qual o "sentido" e a "finalidade" que prevaleciam até o presente devem necessariamente ser suplantados ou totalmente extintos.

Embora se tenha compreendido perfeitamente a utilidade de um órgão fisiológico (ou igualmente de uma instituição jurídica, de um costume social, de um uso político, de uma forma artística ou de um culto religioso), não se compreendeu nada ainda desse fato relativamente à sua emergência; isso poderá ser penoso e desagradável para os velhos, pois, desde sempre, na finalidade desvendável, na utilidade de uma coisa, de uma forma, de uma organização, se havia julgado captar também o fundamento de sua emergência, como o olho foi feito para ver, a mão para agarrar. Assim é que se cria o castigo para punir. Mas realmente o fim e a utilidade não são mais do que um indício de que uma vontade de poder subjugou outra coisa menos potente e lhe imprimiu o sentido de uma função; e toda a história de qualquer "coisa", de um órgão, de um costume pode ser uma rede contínua de sinais, feita de interpretações e de aplicações sempre novas, cujas causas talvez não estejam ligadas entre si, mas, pelo contrário, na ocasião se sucedem e se ligam de maneira puramente fortuita.

O "desenvolvimento" de uma coisa, de um costume, de um órgão, não é, por conseguinte, de forma alguma sua progressão para um fim, menos ainda uma progressão lógica e direta realizada com o mínimo de forças e de despesas: é antes a sucessão de processos de sujeição, mais ou menos profundos, mais ou menos independentes uns dos outros, da qual ela é o teatro a que se agregam as resistências, as tentativas de mutação de forma que entram em jogo para a defesa e para reação, e ainda os resultados das contra-ações coroadas de sucesso.

Se a forma é fluída, o sentido o é mais ainda... O mesmo ocorre em todo organismo privado: quando o conjunto cresce de uma maneira essencial, ocorre igualmente um deslocamento do "sentido" dos órgãos privados e, em certas circunstâncias, ocorre sua destruição parcial, sua diminuição (por exemplo, por meio do aniquilamento dos membros intermediários) que pode ser sinal de força e de perfeição crescentes. Quero dizer que o *desaparecimento* parcial da *utilidade*, o fenecimento, a degeneração, a perda de sentido e de adequação para uma finalidade, numa palavra, a morte faz parte das condições do progresso real que aparece sempre sob a forma de vontade, de direção para um poder mais considerável e que se realiza sempre a expensas dos numerosos poderes inferiores. A importância de um "progresso" se mede pela magnitude dos sacrifícios que requer; a humanidade como massa, sacrificada ao desenvolvimento próspero de uma única espécie de homem *mais forte* – aí está o que *seria* um progresso.

Insisto nesse ponto capital da metodologia histórica, tanto mais porque vai fundamentalmente ao encontro do instinto e do gosto da época em que são precisamente dominantes e que prefeririam ainda compor-se com o acaso absoluto, ou seja, o absurdo mecanicista de tudo o que se produz, antes que com a teoria de uma *vontade de poder* que intervenha em todo o processo de produção. Essa idiossincrasia democrática hostil a tudo o que domina e quer dominar, esse "misarquismo" moderno (para inventar uma triste palavra para designar uma coisa triste) espiritualizou-se e vai se infiltrando aos poucos nas ciências mais exatas e objetivas; parece-me que já se tornou senhor de toda a fisiologia e da teoria da vida, claro está que com prejuízo de ambas, porque fez desaparece como por encanto o conceito fundamental, aquele da verdadeira atividade.

Sob a pressão dessa idiossincrasia se inventou a "faculdade de adaptação", isto é, uma atividade de segunda ordem, uma pura e simples "reatividade", e até se definiu a vida como uma adaptação interior, cada vez mais adequada às circunstâncias exteriores (Herbert Spencer). Mas com isso se desconhece a essência da vida, sua *vontade de poder*, e passa-se por cima daa preeminência elementar das forças espontâneas, agressivas, conquistadoras, usurpadoras, interpretando de maneira nova, ordenando de maneira nova e dando forma nova, decorrendo a "adaptação" como simples efeito delas. Desse modo, nega-se também o papel dominante, no próprio seio do organismo, dos funcionários supremos, junto dos quais a vontade de vida aparece ativa e dadora de forma. Recorde-se o que disse Huxley a Spencer sobre seu "niilismo administrativo": "Aqui se trata de algo mais que "administrar..."

13

Voltando ao nosso assunto, isto é, ao *castigo*, cumpre distinguir nele duas coisas; de uma parte, o que temos de relativamente *duradouro*, o costume, o ato, o "drama", certa sucessão de proceduras e, de outra parte, fluidez, o sentido, o objetivo, a tentativa que se relaciona com a atuação dessas proceduras. É necessário admitir aqui, por analogia, segundo os principais pontos de vista da metodologia histórica que acabamos de desenvolver, que o próprio procedimento é alguma coisa de mais antigo, anterior à sua utilização para o castigo, isto é, que o castigo foi *introduzido,* projetado por interpretação na procedura (que já existia, mas sendo exercido habitualmente em outro sentido), numa palavra, que não sucede aqui, como julgaram nossos ingênuos genealogistas da moral e do direito, para quem o procedimento foi *inventado* com a finalidade de castigar, como em outros tempos se acreditava que a mão havia sido criada para agarrar.

Tratando-se ora do outro elemento do castigo, do que é fluido, de seu "sentido" num estágio de cultura muito tardio (por exemplo, na Europa de hoje), o conceito de "castigo" não tem, de fato, um só sentido, mas uma síntese de "sentido": todo o passado histórico do castigo, toda a história de sua utilização para fins diversos, se cristaliza, por último, em certa unidade difícil de resolver, difícil de analisar, e, sobretudo, absolutamente impossível de definir. (É impossível dizer porque se castiga: todos os conceitos em que se resume de um modo semiótico uma grande evolução, são indefiníveis; só se define o que não tem história). Pelo contrário, num estágio social mais rudimentar, essa síntese de "sentido" parece mais suscetível de dissolução, mais suscetível de deslocamento também; pode-se ainda perceber como em cada caso particular os elementos da síntese se modificam em valor e se reordenam, de modo que ora predomina um, ora outro. Para representar de um modo gráfico quão incerto e acidental é o sentido do castigo e como um só e mesmo procedimento pode ser utilizado, interpretado e modelado com intenções essencialmente diferentes, aí está a lista que pude organizar com base em material relativamente modesto e fortuito:

O castigo como meio de impedir o criminoso de continuar a causar dano.

O castigo como meio de redimir-se para com a pessoa prejudicada e sob uma forma qualquer (por exemplo uma compensação em forma de dor).

O castigo como meio de restringir e limitar uma perturbação que afete o equilíbrio para impedir que essa perturbação se propague.

O castigo como meio de inspirar medo aos que determinam e executam o castigo.

O castigo como meio de compensar as vantagens obtidas até então pelo criminoso (por exemplo, quando é utilizado como escravo numa mina).

O castigo como meio de eliminar um elemento degenerado (e às vezes de toda uma família, como o prescreve o direito chinês; meio, por conseguinte, de depurar a raça ou de manter um tipo social).

O castigo como festa, ou seja, como desencadeamento de violências e insultos contra um inimigo que se acaba de derrotar.

O castigo como meio de criar uma recordação, seja naquele que sofre a punição ou assim chamada "correção", seja para as testemunhas da execução.

O castigo como pagamento de honorários ao poder que protege o malfeitor contra os excessos da vingança.

O castigo como compromisso com o estado natural de vingança, na medida em que esse é mantido em vigor por linhagens poderosas e é reivindicado como privilégio.

O castigo como declaração de guerra e medida de guerra contra um inimigo da paz, da lei, da ordem, da autoridade, que é combatido como um perigo para a comunidade, como um ser em ruptura com relação a seus pressupostos, como um rebelde, traidor e violador da paz, com meios usados precisamente na guerra.

14

Essa lista não é exaustiva, porque é evidente que o castigo encontra sua utilidade em todas as circunstâncias. É, portanto, lícito negar-lhe uma utilidade *suposta* que na consciência popular passa por essencial: a crença no castigo, cancelada hoje por vários motivos, continua justamente a encontrar nela seu mais firme sustentáculo. O castigo deve ter essa propriedade de despertar no culpado o *sentimento de culpabilidade*, revelando nele o verdadeiro instrumento dessa reação psíquica que se denomina "má consciência", "remorsos". Fazendo isso, contudo, é atentar contra a realidade e contra a psicologia, mesmo no que se relaciona com nossa época: e muito mais ainda, se for considerada a longa história do homem, toda a sua pré-história! O verdadeiro remorso é extremamente raro, em particular entre os malfeitores e criminosos. Os cárceres não são os lugares mais convenientes para o desenvolvimento desse verme roedor prospere com eficácia. Esse é um ponto em que estão de acordo todos os observadores conscienciosos que, em muitos caos, não expressam tal juízo senão com alguma reticência e contra suas posições pessoais.

Em geral, o castigo endurece e torna frio, concentra e aguça os sentimentos de aversão, aviva a força de resistência. Se consegue quebrar a energia e suscitar uma prostração e uma humilhação, esse resultado é ainda menos reconfortante que o efeito mediante o castigo, o qual se caracteriza por uma seriedade árida e sombria. Se nos trasladarmos aos milhares de anos que precederam a história do homem, devemos emitir sem reserva esse juízo que é precisamente o castigo que mais vigorosamente retardou o desenvolvimento do sentimento da culpabilidade, pelo menos entre as vítimas sobre as quais se desencadeava a violência punitiva.

Não devemos subestimar, com efeito, o aspecto dos próprios processos judiciais e executivos que impedem precisamente o criminoso de condenar em si seu erro e a natureza da sua ação; porque vê exatamente o mesmo tipo de ação ser perpetrado a serviço da justiça e, a seguir, aprovado com tranquilidade de consciência: portanto, a espionagem, a trapaça, o suborno, as armadilhas tramadas, toda a arte cheia de astúcias da polícia e do acusador, e depois a espoliação, a sujeição, o ultraje, a prisão, a tortura, o assassinato, exercidos por princípio e sem mesmo a desculpa da paixão, tudo isso os juízes não condenam e reprovam senão em certas circunstâncias e condições.

A "má consciência", a planta a mais inquietante e mais interessante de nossa flora terrestre, não vingou nesse terreno. De fato, durante longo período, a consciência daqueles que julgam e castigam não aflorou de modo algum na ideia que se tem a respeito de um "culpado". O malfeitor era para eles o resultado de um prejuízo, uma parcela de fatalidade irresponsável. E o castigo considerava o castigo também como uma parcela de fatalidade e não sentia outro "sofrimento interior" que aquele que suscita a irrupção brutal de alguma coisa imprevista, de um terrível fenômeno natural, de um rochedo que se desfaz e despenca, contra o qual não há como lutar.

15

Esse fato apresentou-se um dia insidiosamente à consciência de Spinoza (para grande desgosto de seus intérpretes que se esforçam, como Kuno Fischer, por entendê-lo nessa passagem), numa tarde em que, recordando não sei o quê, pôs-se a refletir sobre a questão de saber o restava ao justo, a ele, do famoso *morsus conscientiae* [remorso da consciência] nele, que havia colocado o bem e o mal entre as produções fantasiosas do homem e que havia defendido até com cólera a honra de seu Deus "livre" contra os blasfemadores que pretendiam que Deus não opera senão *sub ratione boni* [segundo a razão do bem] (o que seria sujeitar Deus ao destino, coisa realmente absurda).

Para Spinoza, o mundo voltara ao estado de inocência em que se encontrava antes da invenção da má consciência. Para que tinha vindo então esse *morsus conscientiae?* "O contrário de *gaudium* [alegria] – dizia finalmente – é uma tristeza acompanhada da imagem de uma coisa passada, cujo aparecimento enganou todas as expectativas (Eth., III, propos. XVIII, schol. I, II). Durante milhares de anos os malfeitores não tiveram sobre seu crime outra impressão que essa impressão pessoal, a que se refere Spinoza; dizem em vista do castigo: "Não foi senão um acidente imprevisto", em vez de "Eu não devia ter feito isso". Os malfeitores se submetiam ao castigo como a uma doença ou a uma desgraça ou ainda à morte, com aquele fatalismo valoroso no qual os russos levam vantagem sobre nós, os ocidentais, em sua maneira de tratar a vida.

Se havia nessa época uma crítica do ato era a prudência que fazia essa crítica. É fora de dúvida que se deve procurar o verdadeiro efeito do castigo antes de tudo num aumento da prudência, numa ampliação da memória, numa vontade de agir no futuro com mais precaução, com mais desconfiança, com mais segredo para a compreensão, de uma vez por todas, do fato que somos demasiado fracos para muitas coisas, numa espécie de melhoria do juízo que fazemos de nós mesmos. O que podemos conseguir, de modo geral, por meio do castigo, no homem e no animal, é o aumento do medo, a agudez da prudência, o domínio dos apetites: fazendo isso, o castigo *doma* o homem, mas não o torna "melhor"; poderíamos até afirmar o contrário com maior legitimidade ("O prejuízo torna prudente", diz o povo; ao tornar prudente, torna também mau. Felizmente, com muita frequência torna besta).

16

A esse ponto, não posso deixar de apresentar uma primeira expressão sobre minha própria hipótese acerca da origem da "má consciência", que não é fácil de entender e necessita ser meditada durante muito tempo, passar vigílias e noites sobre ela. Considera a má consciência como a profunda doença, na qual o homem que devia ter caído sob a pressão da mais radical de todas as modificações que viveu de maneira geral – a modificação que sobreveio quando se viu definitivamente prisioneiro da feitiçaria da sociedade e da paz. À maneira dos animais aquáticos obrigados a se adaptarem a viver em terra ou a morrer, não foi outra coisa que aconteceu a esses semi-animais, acostumados à vida selvagem, à guerra, às correrias, às aventuras, quando se viram obrigados de repente a renunciar a todos os seus instintos. Era preciso andar a pé, a "levarem-se a si mesmos", quando até então os havia levado a água; um peso enorme os esmagava. Sentiam-se inaptos para as funções mais simples; nesse mundo novo e desconhecido não tinham seus antigos guias, os instintos reguladores, inconscientemente infalíveis; viam-se reduzidos a pensar, a concluir, a calcular, a combinar causas e efeitos. Infelizes! viam-se reduzidos à sua "consciência", a seu órgão mais fraco e mais exposto ao ridículo! Creio que nunca houve na terra desgraça tão grande, mal-estar tão horrível! Acrescente-se a isso que os antigos instintos não haviam renunciado de vez a suas exigências. Mas era difícil e raramente possível satisfazê-las; era preciso procurar satisfações novas e subterrâneas. Todos os instintos sob a enorme força repressiva, *volvem para dentro*, e a isso chamo *interiorização do homem*; assim se desenvolve o que mais tarde será chamada "alma".

Todo o mundo interior, originalmente pequeno, como que encerrado entre duas peles, cresceu e eclodiu, ganhou em profundidade, em largura, em altura, na medida em que a exteriorização do homem foi *inibida*. As formidáveis barreiras que a organização social construía para se defender contra os antigos instintos de liberdade – os castigos fazem parte da primeira linha dessas barreiras – conseguiam que todos os instintos do homem selvagem, livre e vagabundo, se voltassem *contra o próprio homem*. A hostilidade, a crueldade, o prazer em perseguir, na agressão, na mudança, na destruição, tudo isso se dirigia contra o detentor desses instintos; essa é a origem da "má consciência".

O homem que, por falta de inimigos e de resistências exteriores, comprimido na estreiteza e na regularidade opressoras dos costumes, se dilacerava, se torturava, se corroía, se maltratava, se brutalizava a si mesmo, esse animal que se rasgava as carnes contra as barras da jaula e que se quer domar, esse ser alvo de privações, devorado pela nostalgia do deserto, que teve de fazer dele próprio uma aventura, uma câmara de torturas, uma região selvagem, incerta e perigosa – esse louco, esse cativo nostálgico e desesperado se tornou o inventor da "má consciência".

Mas com ela foi introduzida a maior e mais inquietante doença, da qual a humanidade não curou até hoje, o sofrimento suscitado no homem *pelo homem, por ele mesmo,* consequência de uma ruptura violenta com o passado animal, de um salto e de uma caída, por assim dizer, em situações e condições de existência novas, de uma declaração de guerra contra os antigos instintos que antes constituíam sua força e seu temível caráter. Acrescente-se imediatamente que, além disso, com esse fato de uma alma animal voltada contra si mesma, tomando partido contra si mesma, deu ao mundo um elemento tão novo, profundo, inaudito, enigmático, contraditório e *pleno de futuro*, que o aspecto do mundo mudou de maneira essencial. De fato, faltavam espectadores divinos para apreciar o espetáculo que começou assim e cujo fim não pode certamente ser previsto ainda, um espetáculo demasiado sutil, demasiado maravilhoso, demasiado paradoxal para ter o direito de jogar-se, absurdamente despercebido, em algum astro risível!. Desde então o homem, entre golpes de sorte, inesperados e apaixonantes, veio a figurar como personagem do jogo da "criança grande" de Heráclito, que tem por nome Zeus ou acaso, e desperta em seu favor interesse, expectativa, esperança, quase uma certeza, como se com ele se anunciasse alguma coisa, se preparasse alguma coisa, como se o homem não fosse um fim, mas apenas um caminho, um incidente, um ponto, uma grande promessa...

17

Essa hipótese sobre a origem da má consciência implica em primeiro lugar, a título de pressuposto, que essa modificação não foi progressiva nem voluntária e não se apresentou como um desenvolvimento orgânico que se conformava com novas condições, mas como uma ruptura, um salto, uma obrigação, uma fatalidade inelutável excluindo o combate e mesmo o ressentimento. Mas em segundo lugar, que a inserção de uma população, até então sem freio e sem estrutura, numa forma fixa, mesmo que tenha começado por um ato de violência – que, por conseguinte, o "Estado" primitivo se apresentou sob uma forma de uma espantosa tirania, de uma máquina sangrenta e desapiedada, e assim continuou sua obra até que essa matéria bruta, feita de povo e de semi-animal, tenha acabado por ser não somente abrandada de parte e de outra, mas ainda *modelada*. Empreguei a palavra "Estado"; é fácil compreender a que me refiro – um bando de aves de rapina loiras, uma raça de conquistadores e de senhores que, com sua organização guerreira e com a força de organizar, não hesita em fincar suas garras terríveis numa população talvez infinitamente superior em número, mas ainda desprovida de estrutura, ainda errante. Essa é a origem do "Estado" na terra: creio que já foi bastante refutada a opinião que fazia remontar sua origem a um "contrato". Aque que pode comandar, aquele que por natureza é "senhor", aquele que se mostra violento nas obras e no gesto, que lhe importam os contratos? Seres semelhantes escapam ao cálculo, chegam como o destino, sem causa, sem razão, sem objetivo, sem pretexto, chegam como o raio, demasiado terríveis terríveis, demasiado repentinos, demasiado convincentes, demasiado "outros" para deixar de serem odiados.

Sua obra é uma criação de forma, uma imposição de forma instintiva, são os artistas mais involuntários e mais inconscientes; onde aparecem, em pouco tempo há alguma coisa de novo, uma configuração de dominação que vive, na qual as partes e as funções são delimitadas e coordenadas, na qual nada encontra espaço que não tenha sido primeiramente investido de um "sentido" com relação ao todo. Esses organizadores natos não sabem o que são a falta, a responsabilidade, a administração; neles reina esse terrível egoísmo de artista com olhar de aço que se sente justificado de antemão, desde toda a eternidade, em sua "obra", como a mãe no filho. Neles não germinou a "má consciência", mas sem eles não teria brotado essa planta aterradora, não existiria nunca se, sob o choque de suas marteladas, de sua violência de artistas não tivesse desaparecido do mundo, pelo menos subtraída à vista e tornada latente, uma prodigiosa quantidade de liberdade. Esse *instinto de liberdade*, tornado latente pela violência – compreende-se isso já e facilmente – esse instinto de liberdade pisoteado, encarcerado no interior, obrigado a desenvolver-se e desvincular-se dentro de si mesmo: é isso, nada mais que isso, em seus inícios, a *má consciência*.

18

Não menosprezemos esse fenômeno, ainda que nos pareça grosseiro e doloroso. Fundamentalmente, é a mesma força ativa que opera de forma mais grandiosa nesses artistas da violência, nesses organizadores que constroem os Estados que aqui, de maneira interior, menor, mais mesquinha, dirigida para trás, no "labirinto do coração", para falar com Goethe, se cria a má consciência e constrói ideais negativos, esse instinto de liberdade precisamente (para dizê-lo em minha linguagem, a vontade de poder): isso porque a matéria na qual se desencadeia a natureza criadora de formas e brutal dessa força é justamente aqui o próprio homem, todo o seu antigo *eu* animal – e não, como no primeiro fenômeno, mais amplo e mas flagrante, o *outro* homem, os *outros* homens.

Essa secreta violação de si, essa crueldade de artista, esse prazer de dar-se a si, matéria difícil, resistente, sofredora, uma forma, de marcar-se com o ferro quente de uma vontade, de uma crítica, de uma contradição, de um desprezo, de um não, esse trabalho inquietante e espantosamente agradável de uma alma disposta ao desacordo consigo mesma, que escolhe sofrer pelo prazer de fazer sofrer, toda essa má consciência ativa terminou – já dava para adivinhar isso – em verdadeiro seio maternal dos acontecimentos ideais e imaginativos, para dar à luz ao mundo também uma profusão de beleza e de consentimento novos e insólitos, e em primeiro lugar, talvez, de maneira geral, a beleza... Que haveria de "belo", se a contradição não tivesse começado a tomar consciência de si mesma, se o "feio" não tivesse começado a dizer a si mesmo: "Sou feio?"...

Pelo menos essa indicação tornará um pouco menos enigmático o enigma que consiste em saber em que um ideal, uma beleza podem ser esboçados em conceitos contraditórios, como o *altruísmo, a negação de si, o sacrifício de si*; e há uma coisa que se sabe doravante – eu não duvido – ou seja, de que espécie é desde o início o *prazer* que sente aquele pratica o altruísmo, aquele que se nega, aquele que se sacrifica: essa prazer tem algo de crueldade... Aí está provisoriamente acerca da origem do "não-egoísta" como valor *moral* e para delimitar o terreno no qual esse valor cresceu: unicamente a má consciência, somente a vontade de se brutalizar a si mesmo representam o pressuposto no qual repousa o *valor* do não-egoísta.

19

A má consciência é uma doença, não há dúvida alguma, mas uma doença como a gravidez. Investiguemos as condições nas quais essa doença atingiu seu grau de intensidade mais terrível e mais sublime – veremos como só fez sua entrada pela primeira vez no mundo nessa ocasião. Mas para isso é preciso um sopro – é necessário primeiramente retornar a um ponto de vista anterior). A relação de direito privado entre o credor e o devedor, dos quais já falamos longamente, foi novamente injetada a título de interpretação, e isso de maneira historicamente de todo espantosa e preocupante, numa relação em que ela constitui talvez para nós, homens modernos, o cúmulo do incompreensível, ou seja, na relação dos *contemporâneos* com seus *ancestrais*.

No seio da associação original constituída pelo grupo (falamos dos tempos primitivos) a geração atual reconhece cada vez para com as precedentes, e particularmente para com a primeira de todas, uma obrigação jurídica (e não um simples compromisso afetivo: estaríamos até mesmo perfeitamente no direito de contestar esse último de maneira geral durante o mais longo período da espécie humana). Reina então a convicção de que o grupo não subsiste senão graças aos únicos sacrifícios e às realizações dos ancestrais – e que devemos compensar isso em consideração a eles por meio de sacrifícios e de realizações; reconhecemos assim uma dívida que aumenta constantemente pelo fato que esses antepassados, através da existência que prosseguem sob forma de espíritos poderosos, não cessam de outorgar ao grupo novos benefícios e novos progressos, usando de sua força. Gratuitamente talvez? Mas não existe "gratuitamente" para essas épocas bárbaras e "pobres de espírito".

Com que então retribuir? Com sacrifícios (inicialmente, destinados a alimentá-los, na acepção mais grosseira), com festas, com cantos, com sinais de respeito e sobretudo de obediência, porque todos os costumes, enquanto obra dos antepassados, são igualmente expressão de seus preceitos e de suas ordens; porventura é o bastante o que se dá a eles? Esse receio subsiste e aumenta; de tempos em tempos, obriga a um grande resgate de todos, a uma formidável indenização do "credor" (por exemplo, o sacrifício do primogênito, tristemente célebre, sangue, sangue humano de qualquer forma). O *medo* do antepassado e de seu poder, a consciência da dívida para com ele aumenta, segundo essa espécie de lógica, exatamente na proporção em que aumenta o poder do próprio grupo, em que o próprio grupo se torna sempre mais vitorioso, mais independente, mais respeitado e mais temido. E não o inverso!

Cada passo que levasse à desagregação do grupo, todos os infelizes acasos, todos os sinais de degenerescência, de dissolução que começam a aparecer *fazem* sempre, ao contrário, *diminuir* o medo para com o espírito de seu fundador e dão uma ideia sempre mais restrita de sua sabedoria, de sua previdência, da presença de seu poder. Imaginemos essa espécie grosseira de lógica levada a seu extremo: os ancestrais dos grupos mais poderosos acabarão necessariamente, com a imaginação do medo crescente, por tomar proporções formidáveis e por refluir nas trevas de uma realidade inquietante e irrepresentável de natureza divina – o ancestral acabará necessariamente por ver-se transfigurado sob a forma de um *deus*. Talvez esteja aí a origem dos deuses, uma origem inspirada pelo *medo*, portanto.

E aquele para quem parecesse necessário acrescentar "mas também pela piedade!" dificilmente poderia sustentar a sua tese com relação ao período mais longo da espécie humana, sua época primitiva. Não seria muito diferente no período médio, durante o qual se constituem as linhagens nobres: essas retribuíram efetivamente com usura a seus iniciadores, aos ancestrais (heróis, deuses) todas as qualidades que depois se revelaram nelas mesmas, as qualidades *nobres*. Mais adiante falaremos desse enobrecimento e dessa exaltação dos deuses (que é preciso não confundir com sua santificação); por ora, limitamo-nos a levar a seu termo o curso desse desenvolvimento da consciência da falta em seu conjunto.

20

Essa consciência de ter uma dívida com a divindade não terminou de forma alguma, como o ensina a história, com o declínio da forma de organização "comunitária" ligada ao parentesco de sangue; da mesma maneira que herdou da aristocracia de linhagem os conceitos "bom e mau" (com sua propensão psicológica fundamental para estabelecer hierarquias), a humanidade recebeu igualmente, com a herança das divindades da linhagem e da tribo, aquela que constitui a pressão de dívidas ainda impagas e da intenção de seu resgate. (A transição se efetua para as grandes populações de escravos e de indivíduos que adotaram o culto dos deuses de seus donos, seja sob obrigação, seja por servilismo e mimetismo; essa herança transborda sem seguida para espalhar-se em todos os sentidos). O sentimento de falta para com a divindade não cessou de crescer durante vários milênios e isso constantemente em proporção exata do crescimento na terra do conceito de deus, do sentimento de deus e de sua exaltação. (Toda a história do combate, da vitória, da reconciliação, da fusão étnica, tudo o que precede a hierarquização definitiva de todos os elementos nacionais no seio de cada grande síntese de raças se reflete no caos das genealogias de seus deuses, nas lendas relativas a seus combates, vitórias e reconciliações; a marcha para os impérios universais é sempre igualmente a marcha para as divindades universais, para o despotismo, com sua vitória sobre a aristocracia independente que abre sempre o caminho para algum monoteísmo).

O advento do deus cristão, que é a expressão mais alta do divino até hoje, tem por essa razão suscitado também a aparição do máximo do sentimento de culpabilidade no mundo. Admitindo que acabamos de entrar no movimento inverso, seria lícito deduzir igualmente, com uma verossimilhança não negligenciável, o declínio inelutável da fé no deus cristão, a existência, a partir de hoje, de um declínio considerável da consciência humana da falta; não se pode até mesmo descartar a perspectiva que a vitória completa e definitiva do ateísmo libere a humanidade de todo esse sentimento de possuir uma dívida para com seu começo, com sua *causa prima*. O ateísmo e uma espécie de *segunda inocência* se implicam mutuamente.

21

Isso é tudo o que tinha que dizer a título provisório, de modo breve e rudimentar, acerca das relações dos conceitos "falta" e "dever" com pressupostos religiosos: omiti intencionalmente a moralização desses conceitos propriamente falando (sua rejeição na consciência moral, mais precisamente ainda, a confusão da má consciência e do conceito de deus), e no fim do parágrafo anterior posso ter deixado transparecer que não há de forma alguma moralização desse gênero, por conseguinte, como se esses conceitos viessem necessariamente a desaparecer, uma vez que seu pressuposto desmoronou, a fé em nosso "credor", em Deus. Isso é recusado dramaticamente pelo estado de fato. Com a moralização dos conceitos de falta e de dever, com sua rejeição na má consciência, apresenta-se com todo rigor a tentativa de inverter o desenvolvimento que acabo de explicar, ou pelo menos, suspender esse desenvolvimento. No presente, é preciso justamente fechar de uma vez por todas, de maneira pessimista, a perspectiva de um resgate definitivo, no presente, é preciso que o olhar bata, rebata sem esperança contra uma impossibilidade de ferro, no presente, é preciso que esses conceitos de "falta" e de "dever" se voltem – contra quem, pois?

Não se pode duvidar. Em primeiro lugar, contra o "devedor", em quem a má consciência já se fixa, exerce uma ação corrosiva, se estende, cresce por toda a parte em comprimento e em largura, como um pólipo, a tal ponto que, com a impossibilidade de extinguir a dívida, acaba-se por conceber também a impossibilidade de extinguir a expiação, a ideia que é impossível de pagar (a ideia do "castigo eterno"); mas mesmo, para terminar, contra o "credor", que aqui é imaginado como a *causa prima*, como o começo da espécie humana, como seu ancestral sobre o qual já pesa uma maldição ("Adão", "pecado original", "não-liberdade da vontade"), ou como a natureza, de cujo seio o homem saiu, e na qual já se injeta o mau princípio ("diabolização da natureza"), ou ainda como a existência em geral que já se encontra *desprovida de valor em si* (afastamento niilista dela, aspiração ao nada ou aspiração a seu "contrário", a um ser-de-outro-modo, budismo e fenômenos aparentados) – até nos encontrarmos de repente diante dessa escapatória paradoxal e espantosa na qual a humanidade martirizada encontrou um alívio momentâneo, essa marca de gênio do cristianismo: o próprio Deus se sacrificando pela falta do homem, o próprio Deus fazendo-se pagar por ele mesmo, Deus como a única instância que possa resgatar o homem daquilo que para o próprio homem se tornou impossível de resgatar – o credor que se sacrifica por seu devedor, por *amor* (deve-se crer?), por amor a seu devedor!...

22

Já devem ter adivinhado *o que* certamente se produziu com tudo isso e *debaixo* de tudo isso. Essa vontade de se atormentar a si mesmo, essa crueldade do homem-animal interiorizado, caçado em si mesmo a golpes de pavor, encarcerado no "Estado" para ser domado, que teve de inventar a má consciência para se prejudicar depois que a saída mais natural desse querer-fazer-mal se encontrou obstruída – esse homem de má consciência se apoderou do pressuposto religioso para levar o martírio que se inflige até a dureza e o rigor mais espantosos.

Uma falta contra Deus: dessa ideia faz um instrumento de tortura. Em "Deus" empunha as antíteses última que é capaz de encontrar com relação a seus instintos animais próprios e impossíveis de resgatar, interpreta esses próprios instintos animais como falta contra Deus (como hostilidade, rebelião, insurreição contra o "Senhor", contra o "pai", contra o ancestral primeiro e contra o começo do mundo); inflige-se o esquartejamento da contradição "Deus" e "diabo", projeta para fora dele todo Não que dirige a si mesmo, à natureza, à naturalidade, à factualidade, sob forma de Sim, de coisa que é, encarnada, real, de Deus, de Deus santo, de Deus juiz, de Deus algoz, do além, de eternidade, de martírio sem fim, de inferno, de incomensurabilidade do castigo e da falta. É uma espécie de loucura delirante da vontade em matéria de crueldade mental que é absolutamente sem igual: a *vontade* humana de se achar culpado e condenado a um ponto inexpiável, sua *vontade* de ver-se castigado sem que o castigo jamais possa tornar-se equivalente à falta, sua *vontade* de infectar e envenenar o fundamento último das coisas graças ao problema do castigo e da falta, a fim de fechar de uma vez por todas a saída que conduz para fora desse labirinto de "ideias fixas", sua *vontade* de erigir um ideal, aquele de "Deus santo", e, diante dele, ter a certeza palpável de sua absoluta indignidade.

Oh, essa besta-homem delirante e lamentável! Que extravagâncias a coroam, que contra-natureza, que paroxismos absurdos, que *bestialidade em pensamento* surge desde que se vê impedida de ser *besta em ato*!... Tudo isso é desmesuradamente interessante, mas também de uma tristeza negra, sombria, desmoralizante, de modo que se deveria proibir-se com todas as forças olhar por demasiado tempo nesses abismos. Não há dúvida nenhuma, aqui há *doença*, a doença mais terrível que já tenha atingido o homem – e aquele que ainda for capaz de ouvir (mas hoje não temos mais ouvidos que o permitam!) o grito de *amor* nessa noite de martírio e de absurdo, o grito do êxtase mais nostálgico, da redenção no *amor*, esse se transtornará, tomado por um pavor incontrolável... Quanto horror no homem!... Há muito tempo que a terra não tem um asilo para alienados!

23

Isso deve bastar de uma vez por todas para pôr um ponto final sobre a origem do "Deus santo". Porque em si, a concepção de deuses não implica necessariamente essa deterioração da imaginação que não pudemos evitar de relembrar um instante que ainda há maneiras *mais nobres* de servir-se da ficção imaginativa dos deuses do que essa autocrucificação e essa auto-impureza do homem em que os últimos milênios da Europa atingiram o cúmulo de sua virtuosidade – aí está o que, por felicidade, surge de toda consideração que se dedica aos *deuses gregos*, esses reflexos de homens nobres e soberanos, nos quais o *animal* na forma de homem se sentia divinizado e *não* se dilacerava, *não* se insurgia com furor contra si mesmo.

Durante seu longo período de domínio, esses gregos se serviram de seus deuses precisamente para manter à distância a "má consciência", para poder continuar a se divertir com sua liberdade de espírito, portanto, em sentido oposto ao uso que o cristianismo fez de seu Deus. E levaram essa conduta *muito longe* esses filhos esplêndidos de coração de leão; e não é nada menos que a autoridade do próprio Zeus homérico que lhes dá a entender, nessa ocasião, que simplificam demais a tarefa. "É surpreendente!" diz Zeus uma vez – trata-se do caso de Egisto, de um caso muito grave – "É surpreendente que os mortais se queixem tanto dos deuses!

Todo mal vem de nós, essa é a opinião deles, mas são eles mesmos

Que, por derisão, contra o destino também, criam sua própria miséria."

Entretanto, adverte-se que esse espectador e juiz olímpico está muito longe de recriminá-los e de pensar mal a respeito desses mortais: "São loucos!". Esse era o pensamento que lhe inspiravam as faltas dos mortais – e "loucura", "falta de juízo", "a cabeça um pouco desregulada", isso é tudo o que os gregos da época mais gloriosa, mais audaciosa se permitiram eles próprios para a explicar a quantidade de atos maus e funestos – loucura, *mas não* pecado! Compreendem?... Mas mesmo esse transtorno da cabeça era para eles um problema: "Sim, mas como é possível? Como é que esse transtorno cabe em cabeças como as nossas, a nós, homens de ascendência aristocrática, homens de felicidade, do êxito, da melhor sociedade, da nobreza, da virtude?" Essa era a pergunta que, durante séculos, fazia o grego nobre diante de toda atrocidade e de todo crime, para ele incompreensível, como o qual algum dos seus se havia tornado culpado. "Um deus deve tê-lo cegado", dizia finalmente, sacudindo a cabeça... Esse subterfúgio é típico dos gregos... Desse modo, os deuses serviam nessa época para justificar o homem até certo ponto, mesmo naquilo que fazia de mal, serviam de causas do mal – nessa época, não assumiam o castigo, mas, pelo contrário, o que é *mais nobre*, a falta...

24

Termino com três interrogações. "Tenta-se aqui construir ou demolir um ideal?" – podem talvez perguntar-me. Mas nunca se perguntaram suficientemente sobre o preço que foi necessário pagar na terra para construir *qualquer* ideal? Quantas realidades foi preciso caluniar e desconhecer, quantas mentiras foi preciso santificar, quantas consciências foi preciso perturbar, quantos "deuses" foi preciso sacrificar? Para edificar um santuário *é preciso destruir um santuário*, é a lei – que me mostrem um caso em que não foi verificada!... Nós, homens modernos, somos herdeiros da vivissecção da consciência e da tortura do animal aplicada a nós por milhares de anos; é isso o que constitui nossa mais longa prática, nossa savoir-faire artístico talvez, em todo caso nosso refinamento, nosso gosto difícil. O homem só considerou por muito tempo suas inclinações naturais com "mau olhar", de modo que acabaram por fundir-se com a "má consciência". Em si, uma tentativa inversa seria possível – mas quem seria bastante forte para isso? – a saber, fazer fundir com a má consciência todas as inclinações *não-naturais*, todas essas aspirações ao além, ao contra-sensível, ao contra-instinto, à contra-natureza, à contra-animalidade, numa palavra, tendo os ideais existido até agora, são todos eles sem exceção ideais hostis à vida, ideais que difamam o mundo.

Para quem dirigir-se hoje com *tais* esperanças e *tais* exigências?... Teríamos justamente por isso os *bons* contra nós e, além disso, certamente aqueles que gostam de suas benesses, os reconciliados, os vaidosos, os exaltados, os cansados... O que é que ofende mais profundamente, o que é que afasta mais radicalmente do que deixar transparecer um pouco de rigor e de elevação com os quais nos tratamos a nós mesmos? Em contrapartida, como todos se mostram previdentes, afetuosos desde que nos comportamos como todos e nos *deixamos levar* como todos!... Seria necessário, para atingir essa finalidade, outra espécie de espíritos que aqueles que são certamente prováveis nessa época: espíritos fortalecidos por guerras e vitórias, em quem a conquista, a aventura, o perigo, a dor se tenham tornado uma necessidade; seria necessário para isso estar acostumado ao ar mordente da altitude, às peregrinações invernais, ao gelo e à montanha em todos os sentidos, seria necessário para isso até uma espécie de maldade sublime, uma malícia extrema, segura de si mesma, demonstrando saúde plena; seria necessário, para dizer tudo, essa *grande saúde* com bastante maldade, certamente!... Seria essa realmente possível hoje?...

Mas um dia, numa época mais propícia que a presente, duvidando de si, será necessário no entanto que venha a nós o homem *redentor* com grande amor e com grande desprezo, o espírito criador cuja força de pressão não cessa de afastar e repelir tudo, cuja solidão será mal compreendida pelo povo, como se fosse uma fuga *diante* da realidade, quando não passa de sua imersão, seu enterro, seu mergulho profundo no seio da realidade, com a finalidade de reconduzir a ele um dia, quando voltar à luz, a *redenção* dessa realidade: sua redenção com relação à maldição que o ideal, até o presente, fez pesar sobre ela. Esse homem do futuro que será o redentor que nos libertará do ideal do presente como *daquele que deveria necessariamente fazer brotar*, do grande desgosto, da vontade de nada, do niilismo, essa batida de sino do meio-dia e da grande decisão que libera de novo a vontade, que restitui à terra sua finalidade e, ao homem, sua esperança, esse anticristo e esse antiniilista, esse vencedor de Deus e do nada – *é necessário que venha um dia...*

25

Mas, que estou dizendo? Basta, basta! Neste ponto, só há para mim uma atitude conveniente, calar-me. Estaria metendo a mão naquilo que só é permitido a alguém mais jovem, a alguém mais "a vir", a alguém mais forte que eu – o que não é permitido senão a *Zaratustra, Zaratustra, sem-deus.*

Terceiro Tratado

Que significam os ideais ascéticos?

"Despreocupados, zombadores, brutais, assim nos quer a sabedoria. Ela é mulher e só gosta de um guerreiro."

Assim falava Zaratustra

1

Que significam os ideais ascéticos? Entre os artistas, nada ou muitas coisas diferentes; entre os filósofos e os sábios, alguma coisa como faro e instinto para as condições preliminares e mais favoráveis a uma elevada espiritualidade; entre as mulheres, quando muito, um acréscimo de charme unido à sua sedução, um pouco de delicadeza na bela carne, o lado angélico de uma bela rechonchuda; entre aqueles estão psicologicamente desequilibrados e amargurados (entre a *maioria* dos mortais), uma tentativa de se apresentar diante de seus olhos como "demasiado bons" para este mundo, uma forma santa de libertinagem, uma arma fundamental no combate contra a lenta dor e o tédio; entre os padres, a autêntica crença de padre, seu melhor instrumento de poder, e também a "suprema" autorização de acesso ao poder; entre os santos, finalmente, um pretexto para a hibernação, seu *novissima gloriae cupido* [o derradeiro desejo de glória], seu repouso no nada ("Deus"), sua forma de demência. Mas quanto ao fato que, de maneira geral, o ideal ascético tenha significado tanto para o homem, isso exprime o fato fundamental da vontade humana, seu *horror ao vácuo; necessita de uma finalidade*, e ela prefere ainda *querer o nada* antes que não *querer*. Explico-me? Compreenderam?... *"De forma alguma, senhor!"* Retornemos, portanto, ao início.

2

Que significam os ideais ascéticos? – Ou, para tomar um caso particular, a propósito do qual muitas vezes pediram minha opinião: como deve entender-se que um artista como Ricardo Wagner tenha prestado em sua velhice homenagem à castidade? Num certo sentido, é verdade que sempre agiu assim, mas somente no fim da vida, num sentido ascético. Que significa essa mudança de "sentido", essa inversão radical de sentido? – pois foi exatamente isso que fez Wagner, saltou de um só pulo diretamente para seu oposto. Que significa o fato de um artista saltar de um pulo para o outro lado?... Se quisermos deter-nos um momento nessa questão, vem logo à memória a melhor época, a mais forte, mais alegre e *mais audaz* da vida de Wagner: era o período em que estava íntima e profundamente ocupado com a ideia das *Bodas de Lutero*. Quem sabe o que houve que fez com que hoje, em lugar dessa música das bodas, tenhamos a dos *Mestres cantores*? E quem sabe se nesta última não continua a ressoar a primeira? Não há dúvida nenhuma, contudo, que mesmo nessas "bodas de Lutero", teria tratado de tecer o elogio da castidade. E também, em decorrência, o elogio da sensualidade – o que me pareceria precisamente conveniente, o que precisamente teria sido igualmente "wagneriano". De fato, não há oposição necessária entre castidade e sensualidade; todo bom matrimonio, toda união amorosa autêntica ultrapassa essa oposição. Wagner teria procedido muito bem, segundo me parece, em fazer sentir de novo aos alemães esse prazeroso estado de fato, por meio de uma comédia graciosa e atrevida consagrada a Lutero, porque há e sempre houve entre os alemães difamadores da sensualidade, e não é o maior mérito de Lutero ter assumido precisamente a coragem de sua *sensualidade* (na época era chamada, com certa delicadeza, a "liberdade evangélica"....).

Mas mesmo no caso em que essa oposição entre castidade e sensualidade existir realmente, dista muito felizmente de ser uma oposição trágica. É o que se poderia muito bem valer, pelo menos para todos os mortais de sucesso, os mais felizes, que estão bem longe de comprometer, sem outra forma de processo, seu equilíbrio instável entre "besta e anjo", como uma das razões de condenar a existência – os mais sutis e iluminados, como Goethe e Hafiz, viram nisso até um atrativo *a mais* da vida. Essas "contradições" seduzem justamente em proveito da existência... Em contrapartida, não se compreende muito porque os porcos desapontados, se por acaso são levados a adorar a castidade – e realmente há desses porcos – só encontrarão e só adorarão seu oposto, o oposto dos porcos desapontados – oh, com que grunhidos e com que ardor trágico! Pode-se muito bem imaginar isso – esse oposto penoso e supérfluo que Richard Wagner quis incontestavelmente, no fim de sua vida, compor em música e levá-lo ao palco! *Para quê?* – pode-se perguntar com direito. De fato, que lhe importavam, que importam para nós os porcos?

3

Certamente não há como esquivar-se aqui desta outra pergunta: Que lhe importava realmente essa "simplicidade camponesa" de sexo masculino (tão pouco masculino ou viril, infelizmente), esse pobre diabo, esse ingênuo Parsifal que acabou por torná-lo católico à força de meios tão insidiosos – como? Esse Parsifal, foi realmente levado a *sério* por Wagner? Com efeito, poder-se-ia ser tentado a supor o inverso, até mesmo desejá-lo – que o Parsifal de Wagner teria sido concebido com alegria de espírito, como uma espécie de peça de conclusão e drama satírico pelo qual Wagner tivesse querido despedir-se da tragédia e de nós, dele também, antes de tudo *da tragédia*, de uma maneira que justamente lhe convém, ou seja, com um excesso de paródia suprema e supremamente maliciosa do próprio trágico, de todo essa seriedade terrestre e dessa lamentação terrestre, outrora espantosas, da forma mais grosseira, finalmente ultrapassada, de contranatureza do ideal ascético. Teria sido, repito, uma despedida muito digna de um grande trágico, o qual, como todo artista, não chega ao auge de sua grandeza, senão quando aprende a contemplar a si próprio e a sua arte *abaixo* dele – quando sabe rir de si mesmo. O "Parsifal" de Wagner é seu rir de superioridade secreto com relação a si próprio, o triunfo que visa a conquista de sua última, suprema liberdade de artista, transcendência de artista? É isso que desejaríamos, como já foi dito. Que seria, de fato, desse Parsifal *concebido com seriedade*?

Temos realmente necessidade de ver nele (como me foi oposto) "o produto de um ódio tornado insensato do conhecimento, do espírito e da sensualidade"? Uma maldição lançada, de um só ódio e de um só sopro, contra os sentidos e o espírito? Uma apostasia e um retorno aos ideais cristãos enfermiços e obscurantistas? Finalmente, uma negação de si mesmo, uma flecha desferida contra si próprio por um artista que até então, com todo o poder de sua vontade, se havia posto ao abrigo do inverso, isto é, da *suprema espiritualização e sensualização* de sua arte? E não somente de sua arte, mas igualmente de sua vida.

Cumpre relembrar com que entusiasmo, em sua época, Wagner seguia os rastos do filósofo Feuerbach. A expressão de Feuerbach, "a sadia sensualidade" – nos anos trinta e quarenta, ressoava para Wagner, bem como para muitos alemães (eles mesmos se denominavam os "jovens alemães") como palavra de redenção. Decidiu Wagner nesse ponto *rever sua educação*? Ao que parece, pelo menos teve finalmente a vontade de *rever seu ensino* nesse ponto... E não somente depois da cena, com as trombetas de Parsifal – a literatura morna de seus últimos anos, tão desprovida de liberdade como desamparada, oferece centenas de passagens em que transparece um desejo e uma vontade secreta, uma vontade cansada, incerta que não hesita em pregar nada menos que o retorno, a conversão, a negação, o cristianismo, a Idade Média e dizer a seus discípulos. "Isso não vale nada! Procurem a salvação em outro lugar!" Em certa ocasião, chega mesmo a invocar o "sangue do redentor"...

4

Para dar minha opinião sobre tal caso que apresenta tantos aspectos penosos – e é um caso *típico* – o que se tem de fazer certamente é separar o artista de sua obra de modo a não levá-lo tão a sério como sua obra. Ele não é, no final das contas, mais do que a condição preliminar de sua obra, o seio materno, o terreno, a ocasião de apresentar o adubo e o estrume sobre o qual, a partir do qual brota – e, por conseguinte, na maioria dos casos, alguma coisa que é preciso esquecer se se quiser ter prazer na própria obra. O estudo da *origem* de uma obra interessa os fisiólogos e aqueles que praticam a vivissecção do espírito; mas nunca, absolutamente nunca, os homens estéticos, os artistas!

O poeta e o criador de Parsifal não escapou tampouco a uma profunda, radical e mesmo espantosa imersão e, mergulhado no seio dos contrastes medievais da alma, a um isolamento hostil afastado de toda elevação, rigor e disciplina do espírito, a uma espécie de perversidade intelectual (se a expressão for permitida) que uma mulher grávida não evita nos aspectos repelentes e singulares da gravidez: coisas que devem ser esquecidas, como já foi dito, para receber com prazer seu filho. É preciso guardar-se da confusão em que o artista cai facilmente por *contiguity* [contiguidade] psicológica, para falar como os ingleses: como se fosse ele aquilo que está em condições de representar, imaginar e exprimir. Na realidade, se o artista assim fosse, não poderia representar-se, imaginar-se e exprimir-se; um Homero não teria criado um Aquiles; um Goethe não teria criado um Fausto. O artista perfeito e completo está desde toda a eternidade separado da realidade, daquilo que é efetivo; compreende-se, por outro lado, que às vezes possa estar cansado até o desespero dessa eterna "irrealidade" e falsidade de sua existência mais íntima – e que faça então a tentativa, por uma vez, de morder aquilo que lhe é precisamente mais proibido, o real, *ser* realmente. Com que sucesso? Poderia ser adivinhado... É a *veleidade típica* do artista, essa mesma veleidade a que também Wagner sucumbiu em sua velhice e que teve de expiar de modo tão caro, tão funesto (isso o levou a perder a parte mais preciosa de seus amigos). Mas finalmente, à parte essa veleidade, quem não desejaria de maneira geral, por amor de Wagner, que se tivesse despedido de nós ou de sua arte de outra forma, não com um Parsifal, mas de um modo mais vitorioso, mais seguro de si, mais wagneriano – menos falacioso, menos ambíguo quanto ao conjunto de seu querer, menos schopen

Que significam, pois, os ideais ascéticos? No artista, já vimos: *abasolutamente nada!*... Ou tantas coisas diferentes que isso equivale a absolutamente nada!... Comecemos, portanto, por eliminar os artistas: estes, estão longe de ser bastante independentes no mundo e *diante do* mundo para que suas avaliações, com as variações que conhecem, mereçam em si que nos interessemos por elas! Foram desde sempre humildes servidores de uma moral ou de uma filosofia ou de uma religião, sem contar que muitas vezes, oh! foram os cortesãos dóceis de seus admiradores e de seus mecenas ou aduladores das potências antigas ou daquelas que acabavam de aparecer. Pelo menos necessitam sempre de um baluarte, de um sustentáculo, e uma autoridade instituída; os artistas nunca adotam uma posição autônoma, ficar sozinho vai contra seus instintos mais profundos. Assim, por exemplo, "quando o tempo chegou", Richard Wagner escolheu o filósofo Schopenhauer como chefe, como baluarte. Quem poderia minimamente imaginar que ele tivesse a *coragem* de escolher um ideal ascético, sem o apoio que lhe oferecia a filosofia de Schopenhauer, a autoridade de Schopenhauer, que se havia imposto *de maneira preponderante* na Europa dos anos setenta? (sem levar em consideração aqui a questão de saber se na *nova* Alemanha um artista tivesse sido simplesmente possível sem o leite do pensamento piedoso, piedoso para com o *Reich*?).

Chegamos com isso à questão realmente séria. Que significa o fato de um verdadeiro *filósofo* render homenagem ao ideal ascético, um espírito de convicções realmente próprias como Schopenhauer, um homem e um cavaleiro com olhar de aço que tem a coragem de assumir-se a si mesmo, que sabe ficar só e não espera por chefes de plantão e admoestações do alto? Imaginemos aqui a posição singular e mesmo fascinante de muitos homens, como é a de Schopenhauer a respeito da *arte*, pois é claramente por causa dessa que Wagner procurou *inicialmente* Schopenhauer (convencido nisso por um poeta, como se sabe, por Herwegh), e isso a ponto de suscitar uma contradição teórica completa entre sua crença estética da primeira fase com aquela da última; a primeira, por exemplo, que se verificava em *Ópera e Drama,* e a última em seus escritos que publicou a partir de 1870.

Wagner alterou radicalmente, a partir desse momento, o que é talvez mais desconcertante, sua opinião sobre o valor e o estatuto da própria *música*. Que lhe importava ter feito dela até então um meio, uma "mulher" à qual é necessário, para se expandir, um fim, um homem, isto é, um drama! Compreendeu de súbito que, com a teoria e inovação de Schopenhauer se podia fazer alguma coisa mais *in majorem musicae gloriam* [para a maior glória da música] – ela que defende a *soberania* da música como arte independente, como a compreendia Schopenhauer: a música posta à parte de todo o resto das artes, a arte independente em si, que não oferece como as demais cópias da fenomenalidade, mas pelo contrário fala a língua da própria vontade, imediatamente emergida do "abismo", constituindo sua manifestação mais própria, mais original, menos derivada. Com esse extraordinário acréscimo de valor da música que parecia suscitar a filosofia de Schopenhauer, é o *músico* também que registrava brutalmente uma elevação inaudita de apreço: ele se tornava praticamente um oráculo, um sacerdote, mais que um sacerdote, uma espécie de porta-voz do "em si" das coisas, um telefone do além – já não se expressava mais somente pela música, esse ventríloquo de Deus – se expressava em metafísica; surpreendente que tenha terminado um belo dia por expressar-se em ideais ascéticos!?

6

Schopenhauer serviu-se da versão kantiana do problema estético, ainda que não o tenha considerado certamente com olhos kantianos. Kant julgou honrar a arte, privilegiando e colocando na frente do palco, entre os predicados do belo, aqueles que constituem a honra do conhecimento: a impessoalidade e a validade universal. Não vou examinar aqui se isso foi essencialmente um menosprezo; sublinharei unicamente o fato de que Kant, como todos os filósofos, em vez de estudar o problema estético a partir das experiências do artista (do criador), não refletiu sobre a arte e o belo senão como "espectador" e insensivelmente introduziu o elemento "espectador" no conceito de "belo". Se ao menos esse "espectador" fosse suficientemente familiar aos filósofos do belo! – ou seja, sob a forma de um grande estado de fato e de uma grande experiência *pessoais*, de uma abundância de experiências vividas, de desejos, de surpresas, de arrebatamentos absolutamente próprios e vigorosos no campo do belo!.

Mas receio que seja o contrário e que tenha sido sempre assim: desde o início nos oferecem definições nas quais, como na célebre definição que Kant dá do belo, a falta de experiência pessoal um pouco sutil está alojada sob a aparência de erro fundamental. Kant escreveu: "Belo é o que agrada *sem interesse*". Sem interesse! Compare-se esta definição com outra, devida a um verdadeiro "espectador" e artista, Stendhal, que numa passagem afirma que o belo é *uma promessa de felicidade*. Vemos aqui *recusado* e eliminado justamente a única coisa que Kant sublinha no estado estético: o *desinteresse*. Quem tem razão, Kant ou Stendhal?

Se nossos teóricos da estética não se cansam nunca de afirmar, para fazer pender a balança em favor de Kant, que enfeitiçados pela beleza podemos contemplar "sem interesse" até estátuas de mulheres despidas, temos realmente o direito de rir às custas deles. As experiências dos artistas nesse ponto delicado são certamente mais "interessantes" e Pigmalião, em todo caso, não era necessariamente um "homem não-estético".

Não podemos ter melhor opinião sobre a inocência de nossos teóricos da estética do que aquela que se reflete em seus argumentos, mas para prestar honras a Kant citemos, por exemplo, o que ensina com maestria sobre a especificidade do tato com uma simplicidade de padre do interior!

Mas voltemos a Schopenhauer, que vivia mais próximo da arte, mas que não pôde libertar-se da influência da definição kantiana. Como explicar isso? O fato é bastante singular. Interpretou a expressão "sem interesse" do modo mais pessoal possível, a partir de uma experiência que deve ter sido uma das mais regulares na vida dele. Há poucas coisas sobre as quais Schopenhauer fala com tanta segurança como do efeito da contemplação estética; a respeito dela afirma que exerce um efeito que se opõe ao "interesse" *sexual,* semelhante portanto à lupulina e à cânfora. Nunca deixou de glorificar essa liberação diante da "vontade", como o grande privilégio e a grande utilidade da condição estética. Pode-se até estar tentado a se sua concepção fundamental da "vontade e da representação", a ideia de que não pode haver redenção diante da "vontade" a não ser por meio da "representação", não teve origem numa generalização dessa experiência sexual. (Em todas as questões que se referem à filosofia de Schopenhauer, faço a observação de passagem, nunca se deve perder de vista o fato de que ela é a concepção de um jovem de vinte e seis anos, de modo que ela não participa somente daquilo que há de específico em Schopenhauer, mas também daquilo que há de específico nessa fase da vida).

Vejamos, por exemplo, uma das mais expressivas das inumeráveis passagens que escreveu em honra da condição estética (*O mundo como vontade e como representação*, I, p. 231), observemos bem o teor, o sofrimento, a felicidade, a gratidão com que estas palavras foram pronunciadas: "Esse é o estado intocado de dor que Epicuro proclamava como o soberano bem e como a condição dos deuses, pois, enquanto dura esse momento, nos vemos livres da opressão odiosa da vontade, celebramos o "sabbat" dos trabalhos forçados do querer, a roda de Ixion está imóvel..." Que veemência nestas palavras! Que imagens de tormento e de desgosto prolongado! Que oposição temporal quase patológica entre "esse momento" e a ordinária "roda de Ixion", "os trabalhos forçados do querer", "a opressão odiosa da vontade"!

Mas supondo que Schopenhauer tenha centenas de razões quanto à sua pessoa, em que isso haveria de contribuir para a compreensão da essência do belo? Schopenhauer descreveu um só efeito do belo, o apaziguamento da vontade – é realmente um efeito regular? Stendhal, como já foi dito, natureza não menos sensual mas mais equilibrado que Schopenhauer, salienta outro efeito do belo: "O belo *promete* a felicidade". É justamente a *excitação da vontade* ("do interesse") pelo belo que lhe parece um fato confirmado.

Para terminar, não se poderia objetar ao próprio Schopenhauer que não tem razão algum em julgar-se nesse ponto kantiano, porquanto não compreendeu em absoluto de modo kantiano a definição kantiano do belo – que a ele também o belo lhe agrada por um "interesse" e mesmo pelo mais soberanamente forte, mais soberanamente pessoal dos interesses: aquele do ser torturado que escapa de sua tortura?... Para voltar à nossa pergunta inicial, "que *significa* o fato de um filósofo render homenagem ao ideal ascético?" – encontramos aqui, como mínimo, uma primeira indicação: quer *escapar de uma tortura.*

7

Guardemo-nos de tomar a palavra "tortura" em sentido sombrio: neste caso preciso, há muitas coisas a descontar, a subtrair – há mesmo algum motivo para rir. Não subestimemos principalmente que Schopenhauer, que tratou a sexualidade como inimiga pessoal (incluindo seu instrumento, a mulher, esse *instrumentum diaboli* [instrumento do diabo]), necessitava de inimigos para ficar de bom-humor; não esqueçamos que gostava de palavras de ódio, de bílis, verde-negras, que fulminava por fulminar, por paixão; que teria caído enfermo, que se teria tornado *pessimista* (realmente não o era tanto quanto desejasse) sem seus inimigos, sem Hegel, sem a mulher, sem a sensualidade, sem a vontade de viver e de continuar neste mundo. E até se pode assegurar que Schopenhauer teria fugido da vida se não o tivessem detido esses inimigos: seus inimigos não cessavam de seduzi-lo em favor da vida, sua cólera era, precisamente como entre os cínicos da antiguidade, um bálsamo, um descanso, seu bem-estar, seu remédio contra o tédio, sua *felicidade*. Isto basta para explicar o que há de pessoal no caso de Schopenhauer; mas há nele outra coisa que é típica e que nos conduz à solução de nosso problema. Há incontestavelmente, desde que há filósofos no mundo, e onde quer que haja (da Índia até a Inglaterra, para compreender os polos opostos do talento para a filosofia), uma irritação e um rancor específicos do filósofo contra a sensualidade. Schopenhauer é somente sua explosão mais eloquente e igualmente, se tivermos ouvidos para ouvir, a mais entusiasmante e a mais sedutora. Há igualmente uma prevenção e uma afeição específicas do filósofo por todo o ideal ascético, quanto a isso não há dúvida. As duas coisas fazem parte, como foi dito, do tipo; se as duas estiverem ausentes num filósofo, esse não é realmente filósofo – tenhamos certeza disso – mas só "pretende" sê-lo.

Que *significa* isso? É preciso interpretar este estado de coisas. Ele é *em si* um fato sempre estúpido, como toda "coisa em si". Toda besta, por conseguinte também a *besta filosófica,* tende por instinto a um ótimo de condições favoráveis, nas quais possa liberar completamente sua força e sentir a plenitude de seu poder; toda besta tem também um horror instintivo a toda a espécie de perturbações e obstáculos que se apresentam ou podem apresentar-se nesse caminho que conduz ao ótimo (não falo do caminho para a felicidade, mas para o poder, para a ato, para o realizar mais poderoso que quase sempre é, na realidade, o caminho que conduz para a desgraça). Por isso o filósofo tem horror ao casamento e a tudo o que pudesse conduzi-lo a esse estado, porque vê, adivinha no casamento um obstáculo fatal no caminho em direção ao *ótimo*.

Dentre os grande filósofos, quem era casado? Nem Heráclito, nem Platão, nem Descartes, nem Spinoza, nem Leibnitz, nem Kant, nem Schopenhauer; mais ainda, nem sequer os poderíamos *imaginar* casados. Um filósofo casado é motivo de *comédia*, esta é minha tese; a única excepção é Sócrates, o maldoso Sócrates, e ainda este me parece que se casou por ironia, precisamente para demonstrar essa *tese*. Todo o filósofo deveria dizer como Buda quando lhe anunciaram o nascimento de um filho: "Nasceu Rahoula; forjaram-me uma corrente" (Rahoula significa aqui "pequeno demônio"). Todo "espírito livre" deveria ter uma hora de reflexão, supondo que tivesse tido outra desprovida de reflexão, exatamente como fazia outrora Buda, que disse: "Acorrentada no tormento é a vida em casa, local de impureza; a liberdade consiste em abandoná-la"; "com essa ideia, abandonou sua casa". O ideal ascético indica tantas pontes que levam à *independência,* que um filósofo não pode ouvir sem alegria e sem aprovação a história de todos esses homens valentes que um dia disseram Não a toda ausência de liberdade e se retiraram para algum deserto; mesmo supondo que fossem em tudo e por tudo asnos vigorosos e o oposto exato de um espírito vigoroso.

Que significa, por conseguinte, o ideal ascético num filósofo? Minha resposta é – que já deve ter sido adivinhada: o filósofo acolhe com um sorriso esse *ótimo* de condições próprias à espiritualidade mais elevada e mais audaciosa – que, ao fazer isso, não nega a "existência", pelo contrário, diz Sim à sua existência e nada mais que à sua existência, até o ponto de não ficar muito longe deste desejo sacrílego: *Pereat mundus, fiat philosophia, fiat philosophus, fiam*! [Que pereça o mundo, que a filosofia seja, que o filósofo seja, que eu seja!)

8

Já se vê, não são testemunhas e juízes do valor do ideal ascético que estejam ao abrigo da corrupção, esses filósofos! Eles pensam *em si mesmos;* que lhes importa "o santo"? Pensam no que lhes é indispensável: a liberdade diante da opressão, do incômodo, da desordem, dos negócios, dos deveres, dos cuidados; a lucidez de espírito; a dansa, os saltos e o voo em seus pensamentos; um ar puro, leve, claro, livre, seco, como o ar do alto das montanhas que torne todo o ser do animal mais espiritual e que lhes dê asas; a calma nos subterrâneos; todos os cães delicadamente amarrados com correntes; nada de latidos nem rancores de pelo eriçado; nada de verme que rói o orgulho ferido; entranhas modestas e submissas, diligentes como um moinho, mas distantes; coração estranho, do além, futuro, póstumo; em resumo: por ideal ascético entendem o ascetismo alegre de um animal divinizado que voou do ninho por força de suas próprias asas, que plana acima da vida, em vez de descansar nela.

Sabemos quais são as três palavras mágicas do ideal ascético: pobreza, humildade, castidade. Pois bem, que se examine de perto a vida de todos os grande espíritos fecundos e criadores, e neles serão encontradas as três em determinado grau. Não certamente, é óbvio, como se constituíssem de algum modo suas "virtudes" – porque a tais espécies de homens pouco importa a virtude – mas como condições próprias e naturais de sua existência *naquilo que ela tem de melhor*, de sua fecundidade *naquilo que tem de mais belo*. E é muito possível que sua espiritualidade dominante tivesse que refrear o desenfreado e irritável orgulho e a maliciosa sensualidade que por natureza possuíam, ou que lhes custasse trabalho manter sua vontade de "deserto" contra a inclinação para o luxo e o supremamente rebuscado ou contra uma liberalidade magnífica do coração e da mão. Mas aqui precisamente, agiu sua espiritualidade como instinto *dominante* que impôs suas exigências em detrimento de todos os outros instintos. Se chegou a isso, chegará novamente; se não chegasse, não haveria de dominar. Não há nisso, portanto, nenhuma "virtude".

Quanto ao mais, o *deserto*, para onde se retiram e onde se isolam os espíritos de constituição robusta, independente – oh, quanto dista da ideia de deserto que formam esses homens instruídos! – ocorre de fato que são eles que o constituem, esses homens eruditos. Com certeza, todos esses comediantes do espírito não suportariam sequer ficar nele – é bem diferente do que assumir ares de romântico, de ator de peça de teatro. Camelos é que lá não faltam, mas toda a semelhança termina aí.

Uma obscuridade deliberada talvez, uma fuga de si mesmo; uma temor da desordem, da veneração, dos jornais, da influência; um emprego modesto, um vaivém cotidiano, alguma coisa que oculta em vez de esclarecer; um comércio de animais e de aves inofensivas, alegres, que descansa a vista; por companhia, uma montanha, mas não uma montanha morta, uma montanha que tenha olhos (isto é, lagos); se a ocasião se apresentar, até mesmo um quarto num hotel cheio de gente ordinária, onde se esteja certo de ser tomado por quem não se é e onde se possa falar impunemente com todos – é isso, o "deserto". Oh! É bastante solitário, acreditem-me!

O "deserto" para onde se retirava Heráclito, os pórticos e peristilos do imenso templo de Diana, confesso-o, era mais digno dele: porque nos faltam tais templos? (talvez nos não faltem: o melhor escritório para estudo é a *Piazza di San Marco*, desde que seja primavera e manhã, das dez às doze horas). Mas o que Heráclito queria evitar, também nós o queremos evitar: o ruído e charlatanismo democrático dos efésios, sua política, as últimas notícias do "Império" (quero dizer a Pérsia, entende-se), porque nós, filósofos, necessitamos sobretudo de alguma coisa que nos deixe em paz. Veneramos tudo o que é tranquilo, frio, nobre, longínquo, passado, tudo aquilo cujo aspecto não obrigue a alma a defender-se e guarnecer-se, tudo aquilo a que se pode falar, *sem elevar a voz*. Basta ouvir o tom de voz de um espírito quando fala: cada espírito tem seu tom, gosta de seu tom. Vejam este que é um agitador, este que é uma cabeça oca; tudo o que ali entra retumba no vácuo e sai novamente pesado, espesso, carregado com o eco do grande vazio. Vejam este que fala com voz rouca: será que pensa de maneira rouca? É possível; pergunte-se aos filósofos – mas quem pensa em palavras pensa como orador e não como pensador (isso demonstra que não pensa fundamentalmente objetos, não objetivamente, mas unicamente diante dos objetos que, propriamente falando, só pensa *ele mesmo* e seus ouvintes).

Vejam aquele que fala de modo inoportuno, cola-se demasiado em nós, sopra seu hálito no rosto, fechamos involuntariamente a boca, embora nos fale por meio de um livro: o tom de seu estilo confirma – ele não tem tempo a perder, crê mediocremente em si, é agora ou nunca que conseguirá expressar-se. Mas um espírito seguro de si fala baixo; procura a dissimulação, se faz esperar.

O filósofo é reconhecido porque foge de três coisas que brilham e falam alto: a glória, os príncipes e as mulheres, o que não quer dizer que não se cheguem a ele. Foge da luz intensa; foge de seu tempo e da claridade do "dia". É como uma sombra: quanto mais baixa o sol, mais ele cresce. Quanto à sua "humildade", do mesmo modo que suporta a obscuridade, tolera igualmente certa independência e certo escurecimento: teme ser perturbado por raios, recua de medo diante da ausência de proteção de uma árvore demasiado isolada e abandonado sob ela todo mau tempo desencadeia seu humor, todo humor seu mau tempo. Seu instinto maternal, o secreto amor por aquilo que nele cresce, o leva a situações em que deixa de pensar em si; exatamente como o instinto de mãe na mulher que a manteve sempre, de maneira geral, numa situação de dependência.

Finalmente, exigem pouco esses filósofos e sua divisa é: "Quem possui é possuído"; *não*, como me será necessário repeti-lo sem cessar, não por virtude, não por vontade meritória de se satisfazer com pouco e com simplicidade, mas pelo contrário, porque o exige imperiosa e inflexivelmente seu dono supremo, esse senhor que não pensa senão numa coisa, para a qual economiza força tempo, amor e interesse. Essa espécie de homem não quer ser perturbada por amizades nem por inimizades. Esquece e despreza com facilidade; parece-lhe de mau gosto fazer o papel de mártir, "sofrer pela verdade" – deixa isso aos ambiciosos e aos comediantes de espírito e a qualquer que tenha tempo para isso (eles, os filósofos, têm alguma coisa a fazer pela verdade). São econômicos em palavras retumbantes; até a palavra "verdade" lhes desagrada, lhes parece grandiloquente... No que diz respeito à castidade dos filósofos, é evidente que a fecundidade dos filósofos se manifesta de outro modo do que pela procriação; e também de outro modo a continuação de seu nome, a pequena imortalidade (na antiga Índia os filósofos se exprimiam com menos modéstia ainda: "Para que uma descendência para nós, cuja alma é o mundo?") Não há aqui escrúpulo ascético nem ódio aos sentidos, como não há num atleta ou *jockey,* que se abstém das mulheres; é que assim o exige, pelo menos na época da grande incubação, seu instinto dominante.

Todo o artista sabe que efeito prejudicial exercem as relações sexuais nos estados de grande tensão e de grande preparação espiritual; para os mais poderosos e aqueles que têm grande domínio do instinto não é necessária a experiência, a má experiência; é, ao contrário, seu instinto "maternal" que dispõe aqui implacavelmente em proveito da obra por vir, de todos os outros estoques e reservas de força, de vigor d vida animal: a força mais importante *absorve* então a mais modesta.

Desse modo já pode ser reconsiderado o caso de Schopenhauer, discutido anteriormente, à luz desta interpretação; a visão do belo produzia nele claramente o efeito de uma excitação que desencadeava a *força principal* de sua natureza (a força de reflexão e de aprofundamento do aspecto) e essa força se torna senhora da consciência. Isso não exclui em absoluto a possibilidade de que a doçura e plenitude própria do estado estético tenha sua origem no ingrediente da "sensualidade" (de onde procede também o idealismo das jovens solteiras). Talvez a sensualidade se não suprima na emoção estética, como pensava Schopenhauer, mas se transfigure de modo que não apareça à consciência como excitação sexual. (Em outra ocasião voltarei a este assunto, ao falar dos problemas ainda mais delicados que entram no domínio da *fisiologia da estética,* que permanece até o presente tão intacta, tão ignorada).

9

Certo ascetismo, já vimos, uma renúncia radical e serena favorece, soberanamente bem disposta, faz parte das condições favoráveis à suprema espiritualidade e igualmente de suas mais naturais consequências; não é de maravilhar, portanto, que o ideal ascético nunca tenha sido tratado pelos filósofos sem alguma prevenção. Uma verificação histórica séria prova que os laços entre ideal ascético e filosofia são ainda mais estreitos e mais rigorosos. Poder-se-ia dizer que o ascetismo serviu de *rédeas* desse ideal que a filosofia ensinou de maneira geral a dar seus primeiros passos – ai! Tão desnorteada ainda, com jeito tão *maldestro* ainda, tão fácil de cair para trás, de bruços, essa pequena tímida, essa criança de pernas tortas! Em seu início, a filosofia foi como todas as coisas; não tinha o valor de si própria e olhava em volta procurando quem a ajudasse; mais ainda, tinha medo de todos que a olhavam.

Vamos detalhar a lista dos impulsos e das virtudes particulares do filósofo – seus impulsos de dúvida, de negação, de expectativa, analítico, de busca, de investigação, de risco, de comparação, de harmonização, sua vontade de neutralidade e de objetividade, sua vontade de *sine ira et studio* [sem ira nem favor] – tudo isso não foi muito tempo contrário a todas as exigências da moral e da consciência? (para não falar da *razão* que Lutero chamava de *Mulher Sabedoria, mulher astuta)*. Não é evidente que todo o filósofo, ao ter consciência de si mesmo, sentiria em si o *nitimur in vetitum* [tendemos para o proibido] encarnado e queria evitar sua própria consciência?... O mesmo acontece, como foi dito, com todas as coisas boas que nos enchem de orgulho; apreciado com as medidas gregas da antiguidade, todo nosso ser moderno, embora não seja fraqueza mas poder e consciência de poder, aparece com o aspecto de híbrido e de ímpio; de fato, são precisamente as coisas opostas daquelas que veneramos hoje que têm em seu favor a consciência e a Deus por guarda. Toda a nossa atual posição a respeito da natureza é híbrida, como nossa maneira de exercer violência contra a Natureza por meio de nossas máquinas e da inventividade de nossos engenheiros e técnicos; híbrida é a nossa posição com relação a Deus, essa pretensa teia de aranha de finalidade e de moralidade que se oculta atrás da grande teia da causalidade (poderíamos dizer como Carlos o Temerário em luta com Luís XI: *Combato a universal teia de aranha);*

híbrida é nossa posição a respeito de nós mesmos, porque em nós fazemos experiências que não nos atreveríamos a fazer em animal algum e cortamos nossa alma com satisfação e curiosidade como cortamos a carne viva. Que nos importa ainda a "salvação" de nossa alma? Logo nos curamos: a doença é mais instrutiva que a saúde; os *inoculadores* de doenças parecem-nos hoje mais úteis que os médicos, os "salvadores". Fazemos violência a nós próprios, problema que estabelecemos, como se a vida não consistisse senão em descascar nozes. Justamente por causa disso, dia após dia, sem cessar, nos tornaremos mais problemáticos, mais dignos de criar problemas, talvez também, justamente por isso, mais dignos – de viver?

Todas as coisas "boas" foram outrora coisas más; todo o pecado original se transformou em virtude original. O casamento, por exemplo, era tido como uma transgressão do direito da comunidade; pagava-se uma multa, por ter tido a imprudência de se apropriar de uma mulher (demonstra-o, por exemplo, o *jus primae noctis* [direito da primeira noite], ainda hoje, no Camboja, privilégio dos sacerdotes, guardas dos "bons velhos costumes"). Os sentimentos de doçura, de benevolência, de conciliação, de compaixão – finalmente investidos de um valor tão elevado que são quase "os valores em si" – se chocaram justamente, durante o período mais longo da história, criando o desprezo de si: tinha-se vergonha da brandura como agora se tem do rigor *(Para além do bem e do mal,* p. 232). A submissão ao direito: oh! que revolução de consciência em todas as linhagens nobres em toda a terra quando tiveram de renunciar à vingança para se submeterem ao direito do império! O "direito" foi por muito tempo um *vetitum,* um sacrilégio, uma inovação; foi instituído com violência, *sob forma* de violência, à qual não se conformava senão por vergonha. Cada passo que o homem deu sobre a terra custou-lhe martírios espirituais e corporais; tudo passou e atrasou todo o movimento, deixando inumeráveis mártires; por estranho que isso nos pareça hoje, já o demonstrei em *Aurora* (p. 17 e seguintes): "Nada custou mais caro que o pouco de razão e de liberdade que hoje nos envaidece". Essa mesma vaidade nos impede de considerar os períodos imensos da "moralização dos costumes" que precedem a "história universal" e representam a história capital, verdadeira e decisiva que fixou o caráter da humanidade, na qual, em toda parte, o sofrimento passava por virtude, a crueldade por virtude, a dissimulação por virtude, a negação da razão por virtude e, em sentido inverso, o bem-estar por perigo, o desejo de saber por perigo, a paz por perigo, a misericórdia por perigo, o fato de ser objeto de piedade por ignomínia, o trabalho por ignomínia, a demência por coisa divina, a *mudança* para o imoral votada em si a dar origem à corrupção!

10

No mesmo livro (p. 39) explico segundo que apreciação, sob a opressão de que apreciação teve de viver a mais antiga espécie de homens contemplativos, desprezada absolutamente em toda parte onde não era objeto de temor!. A contemplação apareceu primeiramente sob uma forma dissimulada, sob um aspecto equívoco, com o coração apertado e com medo no rosto. O caráter inativo, de sonhador, de não-guerreiro dos instintos dos homens contemplativos cercou-os por longo tempo de uma profunda desconfiança, da qual não podiam libertar-se senão inspirando medo. Nisso foram mestres os brâmanes. Os filósofos mais antigos sabiam dar à sua existência, a seu aspecto exterior, um sentido, um apoio e estratagemas que os tornavam temidos. Se os olharmos de perto, em razão de uma necessidade ainda mais fundamental, veremos que também eles necessitavam de amparo e de medo a respeito de si mesmos. De fato, todos os juízos de valores que emitiam se voltavam contra eles, tinham necessidade de vencer toda espécie de desconfiança e de resistência contra a "filosofia em si mesmos". Como homens de épocas terríveis, a crueldade contra si próprios, a mortificação mais engenhosa, foram os principais meios que empregaram esses eremitas sedentos de poder, esses inovadores espirituais, quando tiveram que começar por fazer violência em seu íntimo aos deuses e à tradição, para eles mesmos se convencerem de sua inovação. Recordarei aqui a célebre história do rei Vicvamitra, que adquiriu em suas torturas de mil anos tal confiança em si próprio, que empreendeu a construção de um *novo céu:* este é o terrível símbolo do destino de todo o filósofo sobre a terra; todo aquele que constrói um "novo céu" encontrou a força em seu *próprio inferno*...

Condensemos todo esse estado de coisas em breves fórmulas: o espírito filosófico teve de começar sempre por mascarar-se com os tipos *antecipadamente fixados* do homem contemplativo, ou seja com os tipos do sacerdote, do mago, do adivinho, do homem religioso em geral, para *ser* simplesmente *possível* em certa medida; o ideal ascético serviu por muito tempo de forma de manifestação, de pressuposto de existência para o filósofo – mas para representar seu ideal, o filósofo necessitava *acreditar* no ideal ascético. A posição de afastamento específico do filósofo, negando o mundo, hostil aos sentidos, recusando dar fé aos sentidos, dessensualizado, que se manteve até época bem recente e que agindo dessa forma quase conseguiu fazer-se passar pela atitude de filósofo em si – é antes de tudo uma consequência da situação crítica que caracteriza as condições nas quais, de maneira geral, a filosofia apareceu e subsistiu: durante o período mais longo da história, a filosofia não teria sido possível em absoluto no mundo sem um envoltório e uma vestimenta ascética, sem uma incompreensão ascética de si mesma. E para expressar isso de modo mais claro e evidente: foi o sacerdote ascético que se mostrou até época recente sob a forma mais repugnante e tenebrosa, sob a forma de lagarta e nessa forma a filosofia começou a viver e a engatinhar... Isso mudou realmente? O animal alado, multicolorido e perigoso, o "espírito" que essa lagarta abrigava, realmente acabou, em vista de um mundo mais ensolarado, mais quente, mais luminoso, por jogar sua sotaina às urtigas e se ver autorizado a aparecer em pleno dia? Há hoje bastante orgulho, senso do risco, coragem, segurança, vontade do espírito, vontade de responsabilidade, *liberdade da vontade* para que já nessa terra, "o filósofo" seja verdadeiramente – *possível*?

11

Agora que nos deparamos com a figura do *sacerdote ascético* é que abordamos a sério nosso problema. Que significa o ideal ascético? Só agora é que se torna sério; agora é que temos diante de nós o verdadeiro *representante do espírito sério* em geral. "Que significa totalmente sério?" Esta questão é ainda mais fundamental; mas se a deixarmos aos fisiólogos, trataremos dela com brevidade. O sacerdote tirou de seu ideal ascético não somente sua fé, mas também sua vontade, seu poder, seu interesse. Seu direito à vida existe e desaparece com esse ideal: não é, pois, de maravilhar que tenhamos de nos haver com um terrível adversário. O sacerdote ascético é um homem interessado: não é ele o mais próprio para defender seu ideal, pelo mesmo motivo pelo qual a mulher fracassa quando quer defender "a mulher em si" – e mais ainda o árbitro e o juiz mais objetivo da controvérsia que aqui se levanta. Teremos, pois, que ajudá-lo a defender-se – esse cerra os olhos desde agora – do que ter de temer sermos muito bem refutados por ele. A ideia pela qual se combate aqui é aquela do *valor dado* à nossa vida pelos sacerdotes ascéticos; eles a relacionam (porque faz parte da "natureza, "mundo", toda a esfera do vir a ser e do transitório) a uma existência de um gênero totalmente diferente, diante da qual está em relação de oposição e de exclusão, *a menos* que não se volte de alguma maneira contra si, não *se negue a si mesma*; nesse caso, o caso de uma vida ascética, a vida é considerada como uma ponte que leva à outra existência.

O asceta trata a vida como um caminho errôneo que se deve finalmente percorrer novamente desde o ponto em que se começa; ou como um erro que se refuta – *deve* refutar – em ato, pois exige que se caminhe a seu lado, impõe pela pressão, onde puder, o valor que dá à existência. Que significa isso? Um modo monstruoso de apreciar a vida não é um caso excepcional na história humana; constitui um dos estados de fato dos mais gerais e mais duradouros. Lida de um planeta remoto a letra maiúscula de nossa existência terrestre talvez nos levasse à conclusão de que a terra é o verdadeiro *planeta ascético,* um recanto de criaturas descontentes, arrogantes e repugnantes, desgostosas consigo mesmas, com o mundo, com a vida e se prejudicam a si mesmas de todas as maneiras possíveis pelo prazer de praticar o mal: seu único prazer, na verdade. Observa-se que o sacerdote asceta aparece em todos os tempos, com regularidade e com universalidade; não remonta a nenhuma raça específica; prospera em toda parte, se desenvolve em todas as classes sociais. Não é que tenha cultivado e propagado seu modo de avaliação por transmissão hereditária; é o contrário que se verifica – um profundo instinto lhe proíbe antes, no conjunto, a reprodução.

Há pois alguma necessidade de primeira ordem que faz crescer e prosperar essa espécie *hostil à vida*, é necessário certamente que seja no *interesse da própria vida* que esse tipo de autocontradição não se extinga. De fato, a vida ascética é uma autocontradição; nela domina um *ressentimento* sem par, aquele de um instinto e de uma vontade de poder insatisfeito que gostaria de dominar não alguma coisa na vida, mas pelo contrário a própria vida, suas condições mais profundas, mais fortes e mais fundamentais; emprega-se grande força para obstruir as fontes da força e até se vê o olhar rancoroso e mau do asceta voltar-se contra a prosperidade fisiológica, especialmente contra aquilo que é sua expressão, como a beleza, a alegria, enquanto pelo contrário, procura com o maior regozijo a doença, o fenecimento, a dor, o acidente, o feio, o dano voluntário, a despersonalização, a autoflagelação, o sacrifício de si próprio e tudo quanto é degenerado. Tudo isso é supremamente paradoxal; encontramo-nos aqui diante de uma discordância que se quer discordante, que *se alegra* de si mesma por meio do sofrimento e que não cessa até de se fazer a si mesma mais segura e mais triunfante, na medida em que seu próprio pressuposto, a atitude fisiológica de viver, *decresce*. "O triunfo no instante supremo da agonia": é sob esse sinal superlativo que o ideal ascético combateu desde sempre; é no enigma dessa sedução, nessa imagem de arrebatamento e de tormento que conheceu seu dia luminoso, sua salvação, sua vitória final. *Crux, nux, lux* [cruz, noz, luz] são para ele uma só e mesma coisa.

12

Supondo que essa vontade de contradição e contranatureza encarnada chega a *filosofar*, onde exercerá seu capricho mais sutil? Naquilo que parece mais verdadeiro e real; procurará o *erro* precisamente onde o espírito da vida coloca a verdade da maneira mais incondicional. Por exemplo, como os ascetas da filosofia do *Vedas* dará por ilusão a materialidade, a dor e a pluralidade, toda a oposição conceitual do "sujeito" e do objeto" – erros, nada mais que erros! Negar a realidade do *eu*, negar-se a si mesmo a "realidade" – que triunfo! – não já um triunfo somente sobre os sentidos, sobre a única evidência sensível, mas muito mais elevado: o triunfo violento e cruel sobre a *razão*: voluptuosidade que atinge seu apogeu no desprezo de si e a derisão de si ascética decreta: "*Há* um reino da verdade e do ser, mas dele está *excluída* a razão!..." (seja dito de passagem: no conceito kantiano do "caráter inteligível das coisas" ficaram vestígios dessa voluptuosidade discordância de asceta que se compraz em voltar a razão contra a razão; o "caráter inteligível" de Kant corresponde a um conjunto de coisas, das quais o entendimento alcança o bastante para se dar conta de que são para o intelecto *absolutamente incompreensíveis)*.

Finalmente, não nos mostremos ingratos, nós que somos justamente homens de conhecimento, com os que mudaram por completo os pontos de vista do espírito humano; na aparência foi uma revolução inútil, criminosa; mas o *querer* ver de modo diverso dos outros, não é pouca disciplina nem pouca preparação do intelecto para sua futura "objetividade", entendendo por esta palavra não a "contemplação desinteressada" (que é um monstro conceitual e um contrassenso), senão a faculdade de dominar o pró e o contra, servindo-se de um e de outro para a interpretação dos fenômenos e das paixões úteis para o conhecimento. Guardemo-nos pois, senhores filósofos, dessa velha confabulação conceitual e perigosa sobre um "assunto do conhecimento puro, subtraído à vontade, subtraído à dor, subtraído ao tempo", defendamo-nos das moções dos conceitos contraditórios, como "razão pura", "espiritualidade absoluta", "conhecimento em si" – que seria um *ver* subsistente em si próprio e sem órgão visual, ou um olho sem direção, sem faculdades ativas e interpretativas. Só há *um* ver em perspectiva, *um* conhecer em perspectiva; *mais* deixamos afetos tomar a palavra a respeito de outra coisa, *mais* sabemos dar-nos olhos, olhos diferentes para essa mesma coisa, e *mais* nosso "conceito" dessa coisa, nossa "objetividade" serão completos. Mas eliminar a vontade em geral, suprimir inteiramente as paixões – supondo que isso fosse possível – como? Isso não significaria *castrar* o intelecto?...

13

Mas voltemos atrás. Essa autocontradição tal como parece apresentar-se no asceta, a vida contra a vida, é – isso cerra os olhos de uma vez – ao ser examinada sob o ângulo fisiológico e não mais psicológico, um perfeito contrassenso. Não pode ser mais do que *aparente;* deve ser uma expressão provisória, uma interpretação, uma fórmula, uma adaptação, uma incompreensão psicológica de alguma coisa cuja essência não foi compreendida; uma pura e simples palavra inserida numa antiga *lacuna* do conhecimento humano. E para substituir-lhe brevemente o estado de fato: o *ideal ascético tem sua origem no instinto de proteção e de salvação próprio a uma vida em degenerescência,* e que por todos os meios procura a maneira de conservar-se; é uma luta pela existência; é o indicio de um esgotamento fisiológico parcial, contra o qual se fazem fortes os demais instintos da vida, com meios e artifícios sempre novos. O ideal ascético é um meio desse tipo; é, pois, exatamente o contrário do que seus adeptos imaginam; nele e por ele, a vida luta com a morte e contra a morte, o ideal ascético é um artifício de *conservação* da vida. Se em tal grau se pode apoderar do homem onde quer que houve civilização, e a dominação do homem se impôs, é a expressão de um fato importante: a *disposição doentia* do tipo homem tal como existiu até agora, ou pelo menos do homem domesticado, a luta fisiológica do homem com a morte (ou, mais precisamente, com o tédio da vida, com o cansaço, com o desejo de "acabar com tudo").

O sacerdote ascético é a encarnação do desejo de um ser-de-outro-modo, de um ser-alhures, e esse desejo é seu verdadeiro fervor, sua verdadeira paixão: mas o *poder* de seu desejo constitui justamente o laço que o acorrenta a este mundo, que o obriga a trabalhar procurando condições mais favoráveis ao estar aqui e ao ser homem; é justamente a esse *poder* que amarra firmemente à existência de todo o rebanho dos defeituosos, dos extraviados, dos deserdados, dos acidentados, de todos os tipos de seres que sofrem de si mesmos, precedendo-os instintivamente a título de pastor. O sacerdote ascético, esse aparente inimigo da vida, esse *negador*, é precisamente quem participa das supremas forças *conservadoras e criadoras do sim* da vida... Por que então essa disposição doentia? Porque não há dúvida que o homem é o animal mais doente, mais incerto, mais mutável, mais inconstante; é o animal doente por excelência: de onde lhe vem isso? É que arriscou, inovou, gritou, desafiou o destino mais que todos os outros animais: o grande experimentador de si próprio, o insaciável, o que luta para reinar sobre o animal, sobre a natureza e sobre os deuses, o indomável, o de futuro eterno, o aguilhoado pela espora que o futuro introduz na carne do presente, o mais valente dos animais, o de sangue mais rico, como não havia de estar exposto a doenças maiores e mais terríveis que todos os animais doentes?... Bastantes teve o homem: às vezes há vastas epidemias (como a de 1348, época da dança macabra); mas esse mesmo tédio, esse cansaço, esse desgosto de si – tudo isso surge nele com tal poder que se transforma logo num novo liame com a vida. O Não que ele diz à vida dá origem, como por magia, a uma abundância de Sim mais delicados; mesmo quando se *ferir*, esse mestre da destruição, da destruição de si – essa própria ferida o obriga sem seguida a *viver*...

14

Mais a disposição doentia é normal no homem – e não podemos contestar essa normalidade – mais se devem estimar os raros exemplos de potência da alma e do corpo, os *acidentes felizes* do homem, e tanto mais devem ser preservados do ar infecto, do ar dos doentes os seres robustos. Isso é feito?... Os doentes são o maior perigo para os sadios; não é dos mais fortes que vem para os mais fortes a calamidade, mas para os mais fracos. Sabe-se isso?... Decerto se não deve desejar que diminua o medo entre os homens, porque esse medo obriga os homens a ser fortes, terríveis, se a ocasião se apresentar – ela *mantém* o tipo de homem robusto.

O temível e desastroso não é certamente o maior medo, mas o grande *desgosto* do homem; de igual modo, a grande *compaixão* para com o homem. Se algum dia esses dois elementos se unirem, darão à luz inevitavelmente a monstruosa "última vontade" do homem, sua vontade de nada, o niilismo. De fato, muitas coisa já o preparam. Aqueles que têm olhos, ouvidos, nariz, percebem por todos os lados a atmosfera de um manicômio e de um hospital, em todas as partes do mundo civilizado, em toda espécie de "Europa". Os *doentes* são o maior perigo do homem; *não* os maus, *não* as "feras de rapina". Os desgraçados, os vencidos, os impotentes, os *mais fracos* são os que minam a vida e envenenam e destroem a nossa confiança. Como escapar a esse olhar triste e concentrado dos homens incompletos? Esse olhar é um suspiro que diz: "Ah! se eu pudesse ser outro! Mas não há esperança: sou o que sou; como poderia libertar-me de mim mesmo? *Estou cansado demais, já não me suporto mais!...*"

Nesse terreno pantanoso do desprezo de si mesmo cresce essa erva ruim, essa planta venenosa, pequena, oculta e adocicada. Aqui formigam os vermes de sentimentos de ódio e de rancor: o ar está impregnado de coisas secretas e inconfessáveis; aqui se atam sem cessar os fins de uma conjuração indigna: a conjuração dos doentes contra os robustos e os triunfantes; aqui se odeia até o próprio aspecto do triunfador.

Quantas mentiras para não confessar esse ódio como ódio! Que dispêndio de palavras altissonantes e de pose, que arte na calúnia "cheia de integridade"! Esses fracos, que torrente de nobre eloquência borbulha de seus lábios! Que submissão doce, de mel, pastosa em seus olhos envidraçados! Que querem realmente? *Representar* a justiça, o amor, a prudência, a superioridade: essa é a ambição desses seres "inferiores", desses doentes. E que hábeis os torna essa ambição! Esses falsários imitam maravilhosamente a cunhagem da virtude e até seu tilintar, a ressonância própria do ouro, esses homens de virtude. Monopolizam toda a virtude, esses fracos e esses doentes incuráveis, disso não há dúvida: "Nós somos os únicos bons, os únicos justos, os únicos *homines bonae voluntatis"* [homens de boa vontade]. Vivem entre nós como querendo fazer-nos repreensões e advertências; como se a saúde, a robustez, a força, o orgulho, o sentimento de poder fossem vícios que devêssemos um dia expiar, expiar amargamente. Oh, como estão fundamentalmente prontos a fazer expiar, como têm sede de ser *algozes*! Entre eles encontra-se em profusão aqueles sedentos de vingança com máscara de juízes, tendo sempre na boca a palavra "justiça", como uma baba venenosa, sempre de boca pronta, sempre prontos a escarrar sobre tudo aquilo que não tem a fisionomia triste e anda por seu caminho de bom humor. Nem falta entre eles essa repugnante espécie de vaidosos, abortos costurados de mentiras que querem representar o papel de "almas belas" e que lançam no mercado sua sensualidade reprimida, revestida de versos e outras milongas, classificando-a de "pureza de coração". Essa é a espécie dos onanistas morais que "se satisfazem em segredo". A vontade doentia de representar a superioridade sob qualquer forma, seus instintos para descobrir os rodeios que levam à tirania dos homens saudáveis, onde encontramos essa vontade de poder, própria dos fracos? Em particular, a mulher doente; nenhum ser a sobrepuja em *refinamento* quando ela quer dominar, oprimir, tiranizar. A mulher doente não poupa nada, nem vivos nem mortos, exuma o que está mais profundamente enterrado (os Bogos diziam: "A mulher é uma hiena").

Veja-se o que se passa no recôndito de todas as famílias, de toda corporação, de toda comunidade; por toda a parte a luta dos doentes contra os sãos; combate silencioso, na maioria das vezes, com pós envenenados, alfinetadas, com semblantes soturnos de mártires, mas às vezes também com esse farisaísmo de doente com atitudes apoiadas que sempre gosta encarnar a "nobre indignação". Até nos sacrossantos domínios da ciência se ouvem os latidos desses cães doentes, essa atitude mentirosa, esse raivoso rancor dos "nobres" fariseus desse tipo (por exemplo, aquele apóstolo berlinense da vingança, Eugen Duhring, que faz o uso mais indecente e mais repugnante hoje, mesmo entre seus semelhantes, os antissemitas).

São todos homens do *ressentimento*, esses seres fisiologicamente degenerados e carcomidos, todo um terreno vibrante de vingança subterrânea, inesgotável, insaciável em suas explosões contra os felizes, e igualmente em suas artimanhas de vingança, em seus pretextos para a vingança: quando alcançarão seu triunfo de vingança derradeira, a mais sutil e sublime? Indubitavelmente quando conseguirem infundir na consciência dos felizes sua própria miséria; quando conseguirem que estes se envergonhem de sua felicidade e digam uns aos outros: "Que vergonha sermos felizes *diante de tanta miséria*!..." Mas quão grande e funesto erro seria o dos felizes e robustos, se algum dia duvidassem de seu *direito à felicidade!* Para trás esse "mundo às avessas"! Para trás esse escandaloso afrouxamento do sentimento! Para que os enfermos não contagiem com sua doença os saudáveis, é preciso fazer uma rigorosa separação dos doentes, que os sadios não se confundam com os doentes. Ou seria de algum modo sua tarefa ser enfermeiros ou médicos?... Não, porque não haveria pior maneira de desconhecer e negar sua tarefa – o superior não deve rebaixar-se até ser instrumento do inferior, o *pathos* da distância deve manter para sempre suas tarefas separadas! Seu direito de existir, o privilégio do sino com ressonância plena sobre aquele que é dissonante, fendido, é sem contestação mil vezes maior: só eles são a *garantia* do futuro, só eles estão *engajados* com o futuro do homem. O que *eles* podem, o que *eles* têm obrigação de fazer, nunca deverá nem poderá um doente; mas para que *eles* possam fazer o que *eles* têm obrigação, como seriam livres ainda para tornar-se médicos, consoladores, "salvadores" dos doentes?... Deixem entrar ar puro! Ar puro! Evitemos de qualquer modo a proximidade de todos os manicômios e dos hospitais da cultura! Demos preferência a uma boa sociedade, *nossa* sociedade! Ou a solidão, se for necessário! Mas, em todo o caso, evitemos os vapores que aliviam o coração da corrupção interior e da secreta podridão dos doentes. Desse modo, meus amigos, para que possamos nos defender, pelo menos por algum tempo, das duas piores pestes que nos ameaçam: *o desgosto profundo do homem e a profunda compaixão pelo homem.*

15

Se compreendemos com toda a profundidade requerida – e exijo que aqui *cavemos em profundidade*, que compreendamos em profundidade – que não é em absoluto a tarefa daqueles que estão com boa saúde ocupar-se dos doentes, curar os doentes, e isso leva a compreender também uma necessidade a mais – a necessidade de médicos e de enfermeiros que *eles próprios sejam doentes*: praticamente já possuímos e captamos firmemente o sentido do sacerdote asceta. Deve-se considerar o sacerdote asceta como o salvador, o pastor, o advogado predestinado do rebanho doente; é somente desse modo que compreendemos sua prodigiosa missão histórica.

A dominação sobre aqueles que sofrem constitui seu reino, é a ela que o remete seu instinto, nela possui sua arte mais específica, sua arte consumada, seu gênero de felicidade. É preciso que ele também seja doente, fundamentalmente aparentado dos doentes e deserdados, para poder entender-se com eles; mas é preciso também que seja forte, mais forte sobre si do que sobre os outros, notadamente intacto em sua vontade de poder, para inspirar confiança nos doentes, confiança e medo, para poder ser para eles um amparo, um escudo, um apoio, uma pressão, um instrutor, um tirano, um deus.

Deve defender seu rebanho, contra quem? Contra aqueles que gozam de boa saúde, sem dúvida alguma, mas também contra a inveja que inspiram os sadios. Deve ser o inimigo natural de toda saúde e de todo poder rude, selvagem, desenfreado, violento como o de uma fera. O sacerdote é a primeira forma de animal *um pouco delicado* que despreza mais facilmente ainda do que odeia. Não se furtará de mover guerra aos animais predadores, uma guerra de astúcia (de "espírito") mais que de violência, é óbvio – para isso, terá necessidade no momento fingir-se também como novo animal predador – um animal que inspira novo terror, no qual se verão confundidas a crueldade do urso polar, o calmo e frio ocelote à espreita e, mais que todos, a raposa, parecem acomunados para formar uma unidade tão atraente quanto aterradora. Se a necessidade o exigir, saberá avançar com a seriedade do urso, respeitável, prudente, frio, com a superioridade enganosa como arauto e porta-voz de potências misteriosas, no belo meio de outra espécie de animal predador, resolvido a semear nesse terreno o sofrimento, o conflito, a contradição com relação a si mesmo em toda parte e, não estando seguro de sua arte, apoderar-se de repente *daqueles que sofrem*. Leva consigo unguentos e bálsamo, sem dúvida alguma; mas necessita ferir para ser médico; ao acalmar a dor da ferida, *envenena simultaneamente essa ferida*. Sabe muito bem esse ofício, esse mago e domador de feras, para o qual tudo o que estiver gozando de boa saúde se torna necessariamente doente e tudo o que é necessariamente doente é domesticado. Defendem bastante bem seu rebanho de doente, esse pastor singular; defende-o igualmente contra si próprio, contra a maldade, a perfídia, a malquerença que se manifestam dentro do próprio rebanho e contra tudo o que caracteriza ainda os dependentes e os enfermos em suas relações mútuas; combate inteligente, dura e secretamente a anarquia e a dissolução que despertam continuamente em seu rebanho, no qual se deposita incessantemente essa perigosa matéria supremamente explosiva: o *ressentimento*. O engenho e a utilidade do pastor mostram-se em eliminar esse explosivo, para que não faça saltar o rebanho com seu pastor. Resumindo numa palavra a existência do sacerdote, dever-se-ia dizer simplesmente: o sacerdote *muda a direção do ressentimento*.

Todo ser que sofre procura, com efeito, instintivamente uma causa de seu sofrimento; mais exatamente ainda um agente, mais precisamente ainda, um agente *culpado*, suscetível de sofrimento – em resumo, alguma coisa viva sobre a qual se possa, sob um pretexto qualquer, descarregar sua paixão de maneira efetiva ou figurada, pois descarregar as paixões é a maior tentativa de alívio, ou seja, o entorpecimento daquele que sofre, o narcótico que maquinalmente deseja contra o tormento de qualquer espécie. A meu ver, unicamente ali é que se encontra a verdadeira causalidade fisiológica do *ressentimento*, da vingança e dos fenômenos que lhes são aparentados, portanto, num desejo de *entorpecer a dor por meio da paixão*. Geralmente procura-se essa causa de maneira perfeitamente errônea, ao que parece, na réplica defensiva, numa reação que exprime uma simples medida de proteção, um "movimento reflexo" que intervém no caso de uma lesão ou de um perigo repentino, como o que faria uma rã decapitada para se livrar do ácido corrosivo. Mas há uma diferença fundamental: num caso, pretende-se impedir o agravamento do dano, no outro, entorpecer uma dor torturante, secreta, tornando-se intolerável por meio de uma emoção mais viva de qualquer espécie que seja e, no momento, pelo menos eliminá-la da consciência – para isso é preciso uma paixão, uma paixão tão selvagem quanto possível e, para excitá-la, do primeiro pretexto que aparecer.

"Alguém deve ser a causa de meu mal-estar". Essa maneira de tirar conclusões é própria de todos os seres doentios e tanto mais quanto mais oculta estiver para eles a verdadeira causa, a causa fisiológica de seu mal (será talvez uma lesão do *nervo simpático*, um secreção excessiva de bílis, um sangue escasso de sulfato ou de fosfato de potássio, uma inchação do baixo-ventre que detém a circulação do sangue ou uma degenerescência dos ovários e outras causa semelhantes). Aqueles que sofrem, por mais que sejam, provam o grande engenho para descobrir as causas ou pretextos de sua dor; saboreiam suas suspeitas, a ruminação de maldades e de preconceitos aparentes, examinam as entranhas de seu passado e de seu presente para achar sombrias histórias e mistérios que lhes permitam alimentar-se de dolorosas desconfianças e embriagar-se do veneno da maldade que lhes é própria; reabrem suas mais antigas feridas, se matam fazendo sangrar feridas cicatrizadas havia muito tempo, transformam autor de crimes o amigo, a mulher, os filhos, todos aqueles que lhes são próximos.

"Eu sofro, alguém deve ser culpado disso". Assim pensam todas as ovelhas doentes. Mas seu pastor, o sacerdote asceta, responde: "É verdade, minha ovelha; alguém tem a culpa; mas esse alguém é você mesma, é sua culpa exclusiva – *você é culpado perante você mesmo!"...* Aí está quem é, pelo menos, audacioso, pelo menos, falso; agindo assim, uma coisa pelo menos é alcançada, agindo assim, como foi dito, a direção *do ressentimento* é mudada.

16

Já se pode adivinhar, segundo minha opinião, o que o instinto curador da vida tem pelo menos tentado por meio do sacerdote asceta e a que uma tirania temporária de conceitos em forma de paradoxos e de paralogismos, como "falta", "pecado", "pecabilidade", "corrupção", "condenação" teve de servir; e mais, colocar os doentes, em certa medida, *fora do estado de prejudicar*, fazem com que os incuráveis se destruam entre si, orientar estritamente o ressentimento dos mais levemente atingidos para com eles próprios, inverter sua direção ("Uma só coisa é necessária") e *tirar partido* da sorte dos maus instintos de todos aqueles que sofrem para fins de autodisciplina, de autovigilância, de ultrapassar-se a si mesmo. Com um "medicamento" desse tipo, um puro medicamento de paixão não pode agir de forma alguma, é óbvio, para uma verdadeira *cura* dos doentes no sentido fisiológico; não se poderia mesmo afirmar que o instinto de vida tenha tido com isso como perspectiva e como intenção a cura. Não é mais que espécie de concentração e de organização dos doentes de um lado (a palavra "igreja" é o designativo mais popular no caso) e de outro lado, uma espécie de segurança provisória dos seres de constituição mais sadia, vazados num molde mais completo, por conseguinte, um *abismo* aberto entre o sadio e o doente – durante muito tempo, isso foi tudo! E era muito! Era *considerável*!

Como se vê, parto neste tratado de um pressuposto que, por respeito pelos leitores de que necessito, não me sinto obrigado a demonstrar. Que o estado de pecado no homem não é um fato, senão apenas a interpretação de um fato, a saber, de um mal-estar fisiológico, considerado sob o ponto de vista religioso e moral, isso não nos liga a nada. O fato de que alguém *se sinta* "culpado", "pecador", não prova que na realidade o seja, como o fato de alguém sentir-se bem não prova que na realidade esteja bem. Recordem-se os famosos processos de bruxaria; naquela época os juízes mais perspicazes e os filantropos acreditavam que havia culpabilidade; as "bruxas" também não *duvidavam disso*; contudo, a culpabilidade não existia. Demos a essa hipótese uma forma mais ampla: de modo geral, a "dor da alma" não é um fato, é apenas uma interpretação (uma interpretação casual) dos fatos que não se sabe formular com exatidão: para alguma coisa, portanto, que permanece perfeitamente flutuante e não possui valor de obrigação no plano científico – é uma palavra de impacto que ocupa o lugar de um pequeno ponto de interrogação.

Se alguém não se sente incomodado por uma "dor da alma", isso não representa nada, para dizê-lo de forma rude, para sua alma; provavelmente representa algo para seu ventre (para dizê-lo de forma rude, como falei, o que não exprime de modo algum o desejo de ser entendido de forma rude, compreendido de modo rude). Um homem forte, robusto, digere suas experiências vividas (seus grandes feitos, inclusive seus crimes) como digere suas refeições, mesmo quando necessita engolir pedaços duros. Se não consegue assimilar uma experiência vivida, essa espécie de indigestão é tão fisiológica quanto a outra – e muitas vezes uma pode ser consequência da outra. Com tal concepção, podemos nos constituir, diga-se de passagem, nos adversários mais convictos de todo materialismo...

17

Mas é realmente *médico* esse sacerdote asceta? Já vimos quão pouco direito tem ao título de médico, por mais que lhe agrade considerar-se "salvador" e se faça venerar como "salvador". Não combate senão o sofrimento, o mal-estar daquele que sofre, não sua causa, não o verdadeiro estado da doença; esta é nossa maior objeção contra essa medicação do sacerdote. Se nos pusermos no lugar dele e lhe adotarmos o critério, nunca nos admiraremos bastante do que ele viu, procurou e encontrou. O alívio do sofrimento, o "consolo" sob todas as suas formas, esse é seu campo de ação; com que inventividade compreendeu sua tarefa de consolador, com que ausência de hesitação escolheu os meios! E, em particular, poderíamos classificar o cristianismo como um grande tesouro de meios de consolo extremamente engenhosos, levando consigo bálsamos que reconfortam, temperam e narcotizam e arriscando remédios mais perigosos e extremamente audaciosos para essa finalidade, experimentando ainda fineza, refinamento, refinamento meridional para adivinhar em particular o meio pelo qual deveria utilizar estimulantes que podem vencer, por algum tempo pelo menos, a profunda depressão, a pesada fadiga, a negra tristeza daqueles que estão fisiologicamente inibidos.

Pode-se dizer que, em geral, todas as religiões têm por objeto principal combater uma epidemia de cansaço. Pode presumir-se que de quando em quando deve haver em certos pontos do globo um *sentimento de depressão fisiológica* nas massas, cuja causa se ignora e cujo remédio se procura no campo psicológico-moral (esta é minha fórmula para tudo quanto se chama *religião).* Tal sentimento de inibição pode ter a ascendência mais variada: pode provir de um cruzamento de raças por demais heterogêneas (ou de classes – as classes exprimem sempre também diferenças de ascendência e de raça: o "mal de viver" europeu, o "pessimismo" do século XIX, é essencialmente a consequência de uma mistura de classes absurdamente repentina); pode também provir de uma emigração desastrada – uma raça que se encontra num clima pelo qual sua força de adaptação é insuficiente (o caso dos indianos na Índia); ou resultar da repercussão da idade e do esgotamento da raça (pessimismo parisiense a partir de 1850); ou de um regime alimentar impróprio (o alcoolismo da Idade Média; a aberração dos *vegetarianos* que, na verdade, têm em seu favor a autoridade do senhor Cristóvão de Shakespeare); ou do sangue viciado, da malária, da sífilis e outras infecções dessa ordem (a depressão alemã depois da guerra dos Trinta Anos que infestou a metade da Alemanha de doenças graves e preparou desse modo o terreno à servidão alemã, à covardia alemã).

Em todos esses casos tende-se a organizar uma grande batalha contra esse sentimento de mal-estar; vejamos suas práticas e formas mais importantes. (Deixo de lado o combate próprio do filósofo contra esse sentimento de mal-estar, o qual é sempre simultâneo – geralmente muito interessante, mas demasiado absurdo e indiferente no plano prático ao querer demonstrar que a dor é uma ilusão, partindo da hipótese de que desaparece enquanto se reconhece como ilusão, mas que é contínua...). Combate-se em primeiro lugar esse mal-estar dominante por meios que rebaixam o sentimento de vida em geral a seu ponto mais baixo. Na medida do possível, nada de querer, nada de desejo de maneira geral; evitar tudo o que produz paixão, "sangue" (não comer sal: higiene de faquir); não amar; não odiar; igualdade de alma; não se vingar; não enriquecer; não trabalhar; mendigar; nada de mulheres, ou o menos possível; quanto ao espírito, o princípio de Pascal: *é preciso bestializar-se*. Resultado em termos psicológico-morais: "despersonalização", "santificação"; em termos fisiológicos: hipnotização – a tentativa de atingir alguma coisa que se aproxime para o homem daquilo que é a *hibernação* para certas espécies de animais, a estivação para muitas plantas de climas quentes, um mínimo de consumo e de mudança orgânica, no qual a vida continua subsistindo sem se elevar mais, propriamente falando, à consciência. Para chegar a este fim, despendeu-se uma quantidade imensa de energia humana – talvez em vão?... É indubitável que esses *esportistas* da "santidade", frequentes em todos os povos e em todas as épocas, tenham encontrado uma verdadeira redenção com relação àquilo que combatiam por meio de um *treinamento* tão rigoroso – em inumeráveis casos conseguiram se desembaraçar realmente dessa profundo depressão psicológica graças a seu sistema de técnicas de hipnotização, razão pela qual seu método funciona nos fatos etnológicos mais universais.

De igual modo, nada em absoluto permite de colocar essa intenção de deixar o corpo faminto e os desejos no número dos sintomas de demência (como gosta de fazê-lo uma espécie pesada de "espíritos livres" comedores de bifes e uns Cristóvãos). Mas também é certo que esse método aplana o caminho a toda a espécie de perturbações mentais, a "luzes interiores", por exemplo, como os hesicastas do monte Atos, a alucinações sonoras e visuais, a transportes e êxtases voluptuosos de sensualidade (história de Santa Teresa). A explicação que destes estados deram suas vítimas foi sempre muito exaltada e falsa; mas a vontade deve estar agradecida. O estado superior, a própria redenção, toda essa hipnotização e essa tranquilidade finalmente alcançadas pelo mistério em si que nenhum símbolo, por sublime que seja, pode exprimir com relação ao acesso e ao retorno ao fundamento das coisas, para a libertação diante de toda ilusão, para o "saber", a "verdade", o "ser", para a liberação diante de todo fim, de todo desejo, de toda atividade, para além do bem e do mal também.

"Tanto o bem como o mal – diz o budista – são laços; o perfeito se tornou mestre dos dois" "A ação e a omissão – dizem os Vedas – não causam no sábio dor alguma; como sábio, se desvincula do bem e do mal; nada perturba seu reino; ele passou para além do bem e do mal, ele ultrapassou a ambos". É, portanto, uma concepção pan-indiana, tanto brâmane como budista.

(O modo de pensar indiano e o modo de pensar cristão não consideram nem um nem outro para que se possa atingir essa redenção por meio da virtude, por meio do melhoramento moral, por mais elevado que coloquem o valor hipnotizante da virtude; deve-se assimilar bem essa ideia; de resto, ela corresponde simplesmente ao estado de fato. Terem ficado *verdadeiras* nesse ponto é o que se pode talvez considerar como o melhor traço de realismo das três maiores religiões, de resto, tão radicalmente moralizadas. "Para o homem que possui o conhecimento, não existe dever"... "Não se alcança a salvação adquirindo virtudes; porque a salvação consiste em identificar-se com o Brama, o qual não é suscetível de nenhum acréscimo de perfeição. Nem consiste tampouco no *abandono* das faltas, porque o Brama – consistindo a redenção em tornar-se um só com ele – é eternamente puro " (passagens do comentários do *Shankara,* citado pelo primeiro europeu que *conhece* verdadeiramente a filosofia indiana, meu amigo Paul Deussen). Honremos, pois, a "redenção" das grandes religiões; em contrapartida, mas não adotemos o *profundo sono* que nos deixaram esses homens fatigados da vida, demasiado cansados mesmo para sonhar o profundo sono da fusão com o Brama, da *unio mystica* [união mística] com Deus.

"Quando está completamente adormecido – afirma a esse respeito essa "escritura" que é a mais antiga e venerável – e tendo chegado ao repouso completo, de modo que não contempla mais nenhuma imagem onírica, então ele está, caríssimo, unido ao que é, entrou em si mesmo – enlaçado pelo em si cognitivo, não tem mais nenhuma consciência daquilo que há dentro dele ou fora dele. Essa ponte não é franqueada nem para o dia nem para a noite, nem para a idade, nem para o sofrimento, nem para a morte, nem para as boas obras, nem para as más..." "No profundo sono, dizem igualmente os fiéis dessa religião, a mais profunda das três grandes religiões, a alma sai desse corpo para elevar-se, penetra na luz suprema e se apresenta sob sua forma própria; então é o próprio espírito supremo que plana alegrando-se, jogando, divertindo-se com mulheres, com objetos ou com amigos; então a alma já não pensa nos miseráveis laços do corpo, ao qual o *pranâ* (sopro vital) está atrelado como o animal ao carro".

Apesar de tudo, observemos que, como no caso da redenção, isso não exprime no fundo qual seja o esplendor do exagero oriental, encontramos doutrina semelhante em Epicuro, esse espírito claro, frio, frio à grega, mas enfermo: o sentimento hipnótico do nada, o repouso do sono profundo, numa palavra, a *ausência de sofrimento* – aí está o que os enfermos e os radicalmente exasperados estão no direito de ter como bem supremo, cini valor dos valores, o que os leva a estimar de maneira positiva, sentir-se como o próprio positivo. (Segundo a mesma lógica do sentimento, em todas as religiões pessimistas, o nada se chama *Deus*).

18

Com mais frequência que essa obsessão hipnótica do conjunto da sensibilidade, da receptividade à dor que já pressupõe forças fora do comum, antes de tudo coragem, desprezo da opinião, "estoicismo intelectual", revelaram, contra os estados de depressão, o modelo de outro treinamento que é em todo caso mais leve: a *atividade maquinal*. Que a atividade alivie sobremaneira uma existência de dor, não é caso para duvidar: é o que hoje se chama hipocritamente "a bênção do trabalho". Verifica-se o alívio, afastando-se da dor o interesse do paciente e ocupando a atividade toda a consciência humana! A atividade maquinal e tudo quanto a ela se refere, como a regularidade absoluta, a obediência pontual e irrefletida, o costume adquirido, o emprego do tempo, certa disciplina da impessoalidade, do esquecimento de si próprio, da *incuria sui* [a falta de cuidado de si] com que radicalidade e com que delicadeza, soube o sacerdote asceta empregar tudo isso na luta contra a dor!

Quando se tratava de seres que sofriam pertencentes a classes sociais inferiores, a escravos, a prisioneiros (ou a mulheres que, na maioria das vezes são as duas coisas ao mesmo tempo, escravas e prisioneiras), não necessitava senão de certa habilidade na mudança de nomes, um novo batismo para que as coisas detestadas aparecessem como benefícios, uma felicidade relativa: o descontentamento dos escravos em relação à sua sorte, não foi inventado decerto pelos sacerdotes.

Um meio ainda mais eficiente para combater a depressão consiste em prescrever uma *pequena alegria* facilmente acessível e da qual se pode estabelecer uma regra: serve-se frequentemente desse remédio em ligação com aquela que acabamos de evocar. A forma mais usual sob a qual a alegria é ministrada como meio terapêutico é a alegria de *suscitar* alegria (fazer o bem, dar presentes, aliviar, ajudar, encorajar, consolar, elogiar, distinguir); ao prescrever o "amor do próximo", o sacerdote asceta prescreve o mais forte estimulante que mais diz sim à vida, mesmo se for com uma dose mais prudente – *a vontade de poder*. A felicidade da "ínfima superioridade" que acompanha todo ato que consiste em fazer o bem, em ser útil, em ajudar, em distinguir, é o meio de consolo mais generoso usado geralmente por aqueles que são fisiologicamente inibidos, supondo que sejam bem aconselhados; caso contrário, prejudicam-se uns aos outros, ao obedecer naturalmente ao mesmo instinto fundamental.

Remontando às origens do cristianismo no mundo romano, encontramos associações de assistência mútua, associações para os pobres, para os doentes, para enterrar os mortos; associações que se desenvolveram nas mais baixas camadas sociais da época e nas quais era empregado conscientemente esse meio capital de luta contra a depressão, a pequena alegria de fazer o bem aos outros – na época era talvez uma coisa nova, uma descoberta? Essa "vontade de reciprocidade", de formação de um rebanho, "comunidade", de "cenáculo" nasceu uma vontade de poder: a *formação de um rebanho* constitui um passo e uma vitória essenciais na luta contra a depressão.

O crescimento da comunidade reforça igualmente um novo interesse pelo indivíduo, que o eleva muitas vezes acima daquilo que seu mau humor tem de mais pessoal, de sua aversão a si próprio (a *despectio sui* [desprezo de si] de Geulincx). Todos os doentes, os enfermos, aspiram instintivamente a organizar-se em rebanho; onde houver rebanho, foi o instinto de fraqueza que quis o rebanho e a sabedoria do sacerdote que o organizou. Não nos enganemos: os fortes aspiram de maneira totalmente necessária a *dissociar-se* como os fracos a *associar-se*; se os primeiros se reúnem, é para uma ação agressiva coletiva e para uma satisfação coletiva de sua vontade de poder, com real resistência da parte da consciência individual; em contrapartida, os fracos se agregam sentindo justamente *prazer* nessa agregação porque isso satisfaz tanto seu instinto como organização irrita e inquieta fundamentalmente o instinto dos fortes (isto é, da espécie de homem-animal predador solitário). Toda oligarquia – a história inteira o ensina – esconde sempre a vontade de *tirania*; toda oligarquia treme continuamente por causa do esforço que cada dos membros faz para tornar-se dono dessa vontade. (Por exemplo, a Grécia: Platão o atesta, e Platão conhecia bem os gregos, conhecia-os tão bem como a si próprio...)

19

Os meios postos em prática pelo sacerdote asceta, dos quais tomamos conhecimento – a repressão global do sentimento de vida, a atividade maquinal, a pequena alegria, sobretudo a alegria do "amor ao próximo", a organização sob a forma de rebanho, o despertar do sentimento de poder da comunidade, em decorrência daquele do desgosto do indivíduo por si próprio, é abafado pelo prazer que lhe proporciona o desenvolvimento da comunidade – esses são os meios inocentes *empregados* na luta contra o desprazer.

Estudemos agora os meios mais interessantes, os meios "culpados". Reduzem-se todos a uma única coisa: a *libertinagem do sentimento* sob uma forma ou outra – utilizada como o meio mais eficaz de adormentar a receptividade à dor acabrunhadora, paralisante, prolongada, razão pela qual a inventividade do sacerdote mostrou-se inesgotável no exame dessa questão única: "*Por que meios* se pode chegar à libertinagem do sentimento?..." Isso é duro de entender, soaria melhor e feriria menos os ouvidos, se eu dissesse: "O sacerdote asceta sempre soube em todos os tempos tirar partido do sentimento das grandes paixões." Mas, para que adular os ouvidos ternos e efeminados? Para que ceder à hipocrisia em palavras, mesmo que fosse uma só vez? Para nós, os psicólogos, isso implicaria já uma hipocrisia em ato, além do fato de que isso nos repugnaria. O *bom gosto* de um psicólogo (outros diriam com prazer: sua integridade) consiste hoje, se consiste em alguma coisa, em repelir a maneira de falar escandalosamente *moralizada* que impregna todos os juízos modernos sobre o homem e as coisas. De fato, não se deve alimentar ilusões a esse respeito: o que constitui o sinal mais distintivo das almas modernas e dos livros modernos não é a mentira, mas a *inocência* encarnada na atitude mentirosa, própria da moralização. Pôr a descoberto essa "inocência" é talvez a parte menos grata de nosso trabalho, de todo o trabalho, em si não inofensivo, do qual se deve encarregar um psicólogo de hoje; é um quadro de *nosso* grande perigo – é um caminho que nos leva, precisamente a *nós*, ao grande tédio...

Não tenho dúvida sobre a única coisa para a qual os livros modernos (supondo que durem, o que não se pode certamente recear, e supondo igualmente que haja um dia uma posteridade dotada de um gosto mais rigoroso, mais duro, mais *sadio*) e *tudo* o que é moderno em geral poderiam servir: de vomitórios – e isso em virtude de seu moralismo adocicado e falso, do feminismo que está no mais profundo de seu ser, que é classificado de boa vontade de "idealismo" e se julga realmente que seja idealismo. Nossos homens instruídos de hoje, nossos "bons" não mentem; mas isso em nada os honra. A verdadeira mentira, a mentira autêntica, "honesta" (sobre o valor da qual se deveria escutar Platão), é para eles demasiado rigorosa, forte; exigiria deles que aprendessem a distinguir o verdadeiro do falso. Só lhes convém a mentira *desonesta*; o que hoje se chama homem bom, é incapaz de discorrer sem mentira acerca de qualquer coisa, o que é uma atitude *desonestamente mentirosa*, abissalmente mentirosa, mas inocentemente mentirosa, ingenuamente mentirosa, simploriamente mentirosa, virtuosamente mentirosa.

Esses "homens bons" são fundamentalmente morais, mas desleais, infames e corruptos para sempre. Qual deles suportaria ainda uma *verdade* "a respeito do homem"?... Ou, para perguntar de maneira mais tangível: Qual deles suportaria uma *verdadeira* biografia? Cito exemplos: Lord Byron deixou algumas notas íntimas sobre sua pessoa, mas Thomas More era "demasiado bom" para isso: queimou os papéis de seu amigo. O mesmo parece que fez o doutor Gwinner, executor do testamento de Schopenhauer, porque também este deixou algumas notas sobre sua própria pessoa e talvez igualmente contra ele. O americano Thayer, homem de valor, biógrafo de Beethoven, deteve-se bruscamente em seu trabalho: chegando a certo ponto dessa vida venerável e simples, era demasiado para ele... A moral disso: qual é o homem prudente que haveria de escrever ainda alguma palavra sincera acerca de si mesmo hoje? Seria necessário que pertencesse à Ordem da Santa Temeridade. Promete-se uma autobiografia de Ricardo Wagner: quem porá em dúvida que se trata de uma autobiografia prudente?... Recorde-se ainda o espanto cômico que suscitou na Alemanha o sacerdote católico Janssen com sua descrição inconcebivelmente carregada e ingênua do movimento da Reforma alemã: que seria se alguém expusesse esse movimento de outra forma, se um verdadeiro psicólogo nos mostrasse um verdadeiro Lutero, não já com o simplismo moral de um vigário de aldeia, nem com o pudibundo adocicamento dos historiadores protestantes, mas alguma coisa com a intrepidez de um Taine, com *força de alma* e não mais com uma indulgência prudente diante da força?... (Quanto a isso, de passagem, os alemães produziram com certo sucesso recentemente o tipo clássico – eles estão no direito de arrogá-lo para si, de fazê-lo constar em seu ativo, ou seja, em seu Leopold Ranke, esse clássico *advogado* nato de toda *causa fortior* [causa mais forte], ele, o mais prudente de todos os "factuais" prudentes).

20

Nós, os psicólogos, temos, vez por outra e por diversas razões, de *desconfiar de nós mesmos...* Somos "demasiado bons" para nosso ofício: somos também as vítimas, as presas, os doentes desse gosto contemporâneo moralizado e, por mais que o desprezemos, continua provavelmente a nos infectar a *nós* também. Contra quem queria pôr-se em guarda esse diplomata que dizia: "Sobretudo, senhores, desconfiemos de nossos primeiros movimentos, *porque são quase sempre bons...*" Esta devia ser a linguagem de todos os psicólogos a seus colegas. E isso nos leva a nosso problema que reclama, efetivamente, certa desconfiança sobre os "primeiros movimentos". *O ideal ascético a serviço de uma intenção que tende à libertinagem do sentimento.* Aquele que se lembra do tratado anterior, haverá de perceber de antemão, concentrado nessas onze palavras, a matéria essencial daquilo que temos de apresentar agora. Desarticular a alma humana, imergi-la no medo, no gelo, nos ardores e nos arrebamentos de maneira que ela se desembarace, como que atingida pelo raio, de toda pequenez e mesquinharia do desprazer, do acabrunhamento, da amargura. Quais são os caminhos que levam a esse objetivo? E aqueles que são mais seguros?...

Todas as grandes paixões têm fundamentalmente o poder, supondo que se livrem dele bruscamente, a cólera, medo, voluptuosidade, vingança, esperança, triunfo, desespero, crueldade: o sacerdote asceta tomou efetivamente a seu serviço, sem questionar-se, toda essa matilha de cães selvagens que habitam no homem e libertou ora um, ora outro, sempre com o mesmo objetivo, despertar o homem de tristeza, eliminar, por algum tempo pelo menos, sua dor acabrunhadora, sua miséria indecisa, sempre em favor de uma interpretação e de uma "justificativa" religiosa. Todo libertinagem de sentimento desse gênero se paga, como é natural – torna o doentes mais doente ainda; por isso, medido com um critério moderno, esse remédio para a dor é uma espécie "culpada". Deve-se, contudo, porquanto a equidade o exige, insistir mais ainda no fato de que foi aplicado com *boa consciência*, que o sacerdote asceta o prescreveu acreditando profundamente em sua eficácia e utilidade – e que muitas vezes esteve em risco de perecer ele próprio diante do espetáculo da dor que causava; observemos também que as violentas revanches fisiológicas desses excessos, e talvez as perturbações mentais, não estão em contradição absoluta com o espírito geral dessa espécie de medicação, porque, segundo vimos, não se tratava de curar as doenças, mas de combater o desgosto ligado à depressão, seu apaziguamento, seu entorpecimento. E isso foi conseguido.

O principal estratagema de que se serviu o sacerdote asceta para produzir na alma humana todo gênero de música vibrante e transportada de arrebatamento consistiu – todos o sabem – em explorar em seu benefício o *sentimento de culpabilidade*. A origem desse sentimento foi indicada no precedente tratado no tocante à psicologia animal e nada mais. Nele encontramos o sentimento de culpabilidade de algum modo em seu estado bruto. É somente sob a mão do sacerdote, desse verdadeiro artista em matéria de sentimentos de culpabilidade, que tomou forma. E que forma! O "pecado", porque assim se chama a reinterpretação sacerdotal da "má consciência" animal, (da crueldade, cuja direção foi invertida), o pecado é o maior acontecimento que até o presente a alma doente tem conhecido: nela encontramos o que há de mais perigoso e funesto da interpretação religiosa.

O homem doente, animal na jaula, sem saber porque, em vista de quê?, ávido de razões – as razões consolam – ávido também de remédios e narcóticos, acabou por entender-se com alguém que soubesse dessas coisas ocultas – e vejam só, recebe uma indicação, recebe de seu mago, sacerdote asceta, a *primeira* indicação relativa à "causa" de seu sofrimento: deve procurá-la em si mesmo, numa *falta* cometida no passado, deve aceitar o sofrimento como um *estado de castigo*... Agora já compreende, o infeliz; agora sofre a mesma sorte de uma galinha, em torno da qual foi traçada uma linha. Não sairá mais desse círculo que lhe foi traçado; o doente converte-se em "pecador"... Desde então, por alguns milênios, não escapará da mente desse novo doente, o "pecador" – alguém conseguirá escapar? Para onde quer que se olhe, vê-se em toda parte o olhar hipnotizado do pecador, sempre voltado para uma só e mesma direção (a direção da falta, considerada como única causa do sofrimento); em toda parte a "má consciência", essa *besta horrenda*, para falar como Lutero; em toda parte o passado remoído, o ato errado, o "olhar de bílis" em todas as maneiras de agir; em toda parte a *vontade* de compreender o sofrimento transformado em substância da vida, a reinterpretação desse sofrimento sob forma de sentimentos de falta, de medo e de castigo; em toda parte a disciplina, a abstinência, o corpo a passar fome, a contrição; em toda a parte o pecador que se tortura a si próprio na roda cruel de uma consciência inquieta, doentiamente concupiscente; em toda parte o tormento mudo, o último grau do medo, a agonia de um coração martirizado, as convulsões de uma felicidade desconhecida, o grito desesperado da "redenção.

De fato, graças a essa maneira de agir, a antiga depressão, a pesada fadiga, acabaram por ser vencidas; a vida voltou a ser interessante: desperta, eternamente despertada, passando suas noites sem sono, incandescente, carbonizada, esgotada e, apesar disso, sem fadiga – essa era a situação do homem, do "pecador" que havia sido iniciado nesses mistérios. Esse velho e grande mago em luta com o desgosto, o sacerdote asceta havia conseguido a vitória, seu reino havia chegado; já ninguém se queixava mais da dor, mas que *tinha sede* de dor; "*mais* dor! *mais* dor!" Esse foi o grito de seus discípulos e de seus iniciados durante séculos.

Toda a libertinagem de sentimento que fazia mal, tudo aquilo que quebrava, caía, esmagava, elevava e arrebatava em êxtase, o mistério das câmaras de tortura, a invenção do próprio inferno, tudo isso já estava descoberto, adivinhado, explorado, tudo isso estava a serviço do mago, tudo isso servia a partir de agora para a vitória de seu ideal, do ideal ascético... "Meu reino não é deste mundo", repetia; mas ainda teria direito de falar assim?... Goethe afirmou que existem trinta e seis situações trágicas, do que se poderia deduzir, se não fosse sabido, que Goethe não era um sacerdote asceta. O sacerdote conhece muitas mais...

21

Sobre esse gênero de medicação sacerdotal em seu conjunto, o gênero "culpado", toda palavra crítica é supérflua. Que uma libertinagem do sentimento tal como o sacerdote asceta costuma prescrever a seus doentes nesse caso (sob os nomes mais santos, obviamente, penetrado igualmente da santidade de seu objetivo) tem sido realmente útil a qualquer doente que seja, quem teria, pois, coragem de sustentar uma afirmação desse gênero? Seria necessário pelo menos colocar-se de acordo a respeito da expressão "ser útil". Se com isso se quer expressar o fato de que tal sistema de tratamento *tornou* o homem *melhor*, não digo o contrário; acrescento somente que para mim "tornar melhor" significa exatamente a mesma coisa que "domado", "debilitado", "desencorajado", refinado", "tornado melindroso", "emasculado" (portanto, quase a mesma coisa que *degradado*).

Mas se se tratar principalmente de doentes, de amargurados, de deprimidos, tal sistema torna imediatamente o doente, mesmo supondo que o torne "melhor", *mais doente*. Pergunte-se aos psiquiatras o que acarreta sempre uma aplicação metódica de tormentos de penitência, de contrições e de espasmos de redenção. De igual modo, interrogue-se a história: em toda parte onde o sacerdote asceta impôs esse tratamento aos doentes, a disposição à doença se desenvolveu sempre mais e se ampliou com uma rapidez inquietante. Qual foi sempre o "resultado"? Um sistema nervoso abalado, acrescentado a tudo o que já havia de doente; e isso na menor escala como na maior, nos indivíduos como na massa. Encontramos nas formas de treinamento de penitência e de redenção grandes epidemias de epilepsia, as mais deprimentes que a história conhece, como aquelas dos dançarinos de São Guido e de São

João na Idade Média; encontramos outras formas de manifestações secundárias, terríveis paralisias e depressões prolongadas, acarretando por vezes a modificação definitiva da índole de um povo ou de uma cidade (Gênova, Basileia); destacamos igualmente a histeria das bruxas, coisa aparentada com o sonambulismo (oito grandes explosões epidêmicas dessa somente entre 1564 e 1605); encontramos também em seu rastro esses delírios de massas ávidas de morte, cujo espantoso grito "*evviva la morte*!" [viva a morte!] ressoou por toda a Europa, interrompidos por idiossincrasias ora voluptuosos, ora ébrias de destruição; tudo como continuamos a observar em toda parte, mesmo hoje, com essa reviravolta de paixões, com as mesmas intermitências e os mesmos saltos, toda vez que a doutrina ascética do pecado chega novamente a alcançar grande sucesso. (A neurose religiosa *aparece* como uma forma de "malignidade", sem dúvida alguma. Mas o que é ela? *Quaeritur* [pergunta-se]).

Em resumo, o ideal ascético e seu culto moral sublime, essa sistematização extremamente engenhosa, extremamente desprovida de escrúpulos e extremamente perigosa por todas as técnicas que provocam a libertinagem do sentimento, sob a proteção de intenções santas, se agravou em toda a história de maneira terrível e inolvidável; e infelizmente *não só* em sua história... Estaria em dificuldades para encontrar qualquer outra coisa que tenha causado danos tão destruidores à *saúde* e ao vigor da raça, notadamente dos europeus, do que esse ideal; pode-se, sem nenhum exagero, classificá-lo como *verdadeira fatalidade* na história da saúde do homem europeu. Quanto muito, poder-se-ia comparar a influência especificamente germânica a sua influência: quero dizer o envenenamento da Europa pelo álcool que até hoje marchou rigorosamente no mas passo da preponderância política e radical dos germânicos (onde inocularam seu sangue, inocularam também seu vício). Em terceiro lugar seria necessário citar a sífilis, *magno sed proxima intervallo* [separada por longo intervalo mas próxima].

22

O sacerdote asceta arruinou a saúde da alma, em toda parte onde chegou à dominação, por conseguinte, arruinou também o gosto *in artibus et litteris* [nas artes e nas letras] e continua a arruiná-lo sempre. "Então"? Acho que não me será concedido sem dificuldade esse "então?", a menos que eu não começasse por demonstrá-lo. Uma única indicação: refere-se ao livro fundamental da literatura cristã, seu verdadeiro modelo, seu livro "em si".

No belo meio ainda do esplendor greco-romano, que era também esplendor de livros, diante de um mundo das letras antigo que não havia ainda fenecido nem caído em ruínas, numa época em que se podia ainda ler alguns livros que, para consegui-los, se daria a metade de certas literaturas, o simplismo e a vaidade de agitadores cristãos – são chamados os padres da Igreja – ousaram decretar: "*Nós* também temos nossa literatura clássica; *não necessitamos da literatura grega*" – e, com isso, mostravam orgulhosamente livros de lendas, epístolas de apóstolos e miseráveis tratados apologéticos, mais ou menos como hoje "exército de salvação" inglês leva, com uma literatura semelhante, seu combate contra Shakespeare e outros "pagãos". Não gosto do Novo Testamento, já poderiam tê-lo adivinhado; fico um pouco preocupado ao ver-me quase sozinho neste juízo sobre essa literatura extremamente estimada, extremamente superestimada (tenho *contra* mim o gosto de dois milênios), mas que fazer? "É assim que sou, não posso fazer de outra maneira." Pelo menos tenho coragem em revelar meu mau gosto.

O Antigo Testamento sim é outra coisa: é preciso tirar o chapéu para o Antigo Testamento! Nele encontro grandes homens, uma paisagem heroica e alguma coisa de soberanamente rara no mundo, a incomparável simplicidade do *coração forte;* mais ainda, nele encontro um povo. No Novo Testamento, pelo contrário, nada mais que um pequeno conjunto de seitas, nada mais que algo de rococó da alma, nada mais floreado, de intimidade, de coisa bizarra, nada mais que atmosfera de conventículo, sem esquecer um oportuno sopro de sentimentalidade adocicada e bucólica típica da época (e da província romana) e é mais helenista que judeu. A humildade e a presunção; uma volubilidade de sentimento quase ensurdecedora; algo de passional sem paixão; uma gesticulação deplorável; a ausência de toda boa educação é manifesta. Para que fazer tanto barulho em torno de pequenos defeitos como esses piedosos homens fazem? Ninguém se ocupa disso, e Deus menos ainda. Para terminar, ainda querem ter "a coroa da vida eterna", para toda essa gente insignificante da província. Para chegar aonde? Para quê? Não se poderia levar a presunção mais longe. Um Pedro "imortal", quem o suportaria? Têm um orgulho que leva a rir: isso repisa seus assuntos pessoais, sua estupidez, suas tristezas, seus cuidados mesquinhos, como se a "em si" das coisas fosse obrigado a preocupar-se com eles. E esse contínuo tu a tu com Deus, do pior gosto! Essa indiscrição judaica, não simplesmente judaica, do focinho às patas, com relação a Deus!...

Há na Ásia oriental pequenos "povos pagãos", que desprezamos e cujos primeiros cristãos dentre eles teriam podido aprender qualquer outra coisa de essencial, um mínimo de *tato* na veneração; eles não se permitem, como o testemunham missionários cristãos, a pronunciar o nome de seu Deus. Isso me parece de grande delicadeza; é verdade que os "primeiros" cristãos não são os únicos para quem isso seria demasiado delicado; que se recorde, por exemplo, para perceber a antítese, Lutero, o aldeão "mais eloquente" e o mais presunçoso que a Alemanha conheceu, e do tipo de tom luterano, justamente o de carregar no afeto em suas relações com Deus. A resistência de Lutero diante dos santos intermediários da Igreja (e particularmente "desse porco do diabo, o papa") era, em última instância e sem dúvida, a resistência de um grosseiro que causa repugnância à *boa etiqueta* da Igreja, essa etiqueta reverente, bem ao gosto hierático, que não deixa entrar no Santo dos Santos senão os seres mais consagrados e mais silenciosos e que veta a entrada à gente rústica. É precisamente o lugar onde estes não têm em absoluto direito à palavra – mas Lutero, o aldeão, entendia-o certamente de outro modo: isso não era muito *alemão* para seu gosto: ele queria falar diretamente com o seu Deus, falar por si, falar a ele "sem incomodar ninguém"... E conseguiu.

O ideal ascético nunca foi – certamente já se adivinhou – em parte alguma uma escola de bom gosto, muito menos de boas maneiras – foi, melhro, uma escola de maneiras hieráticas, o que encerra em si alguma coisa que alimenta uma hostilidade mortal para com todas as boas maneiras – falta de medida, repugnância pela medida, ele próprio é um *non plus ultra* [não mais além, que não pode ir mais longe].

23

O ideal ascético não só arruinou a saúde e o gosto, mas também uma terceira coisa, uma quarta, uma quinta, uma sexta – na saberia dizer *quantas* ao todo (não terminaria nunca!). Não é o *efeito exercido* por esse ideal que pretendo pôr em evidência, mas exclusivamente o que significa, o que faz adivinhar, o que está oculto atrás dele, abaixo dele, nele, qual sua expressão provisória, confusa, sobrecarregada de pontos de interrogação e de incompreensões. E é unicamente com relação a essa finalidade que não poderia poupar a meus leitores um resumo sobre o aspecto formidável de seus efeitos e também de seus efeitos mais funestos, para prepará-los ao último e extremamente terrível aspecto que, para mim, reveste a questão da significação desse ideal.

Que significa precisamente o *poder* desse ideal, o *caráter formidável* de seu poder? Por que deixaram que se instalasse até esse ponto? Por que não lhe opuseram maior resistência? O ideal ascético exprime uma *vontade*. Onde está a vontade antagônica em que se exprimira um *ideal antagônico*? O ideal ascético tem um fim tão amplo, que compreende, em si, todos os fins da existência humana; para conseguir esse fim, empregam-se tempos, povos e homens; é fim exclusivo; não admite outra interpretação senão a sua (e houve alguma vez outra tão engenhosa?); não se sujeita a nenhum poder; crê, pelo contrário, em sua hegemonia; crê que todo o poder terreno lhe deve seu direito à existência, considera-o como instrumento a serviço de *sua* obra, como via e meio que conduzem a *seu fim*, a *um só* fim... Onde está a *antítese* desse sistema *aferrolhado* de vontade de fim e de interpretação? Por que falta essa antítese? Onde está o *outro único fim*?... Dir-se-á que, efetivamente, *não falta* e que não só lutou por longo tempo contra esse ideal, senão que o venceu em quase todos os pontos essenciais; testemunha, *nossa ciência* moderna, essa ciência moderna que, verdadeira filosofia da realidade, que não tem fé senão em si mesma e que de modo transparente teve a coragem de se assumir, de ter vontade própria, de prescindir até mesmo de Deus. Entretanto, todo esse ruído e esse palavreado de agitadores não me impressionam; essa trombeta da realidade não faz a música; sua voz não sai das profundezas, não é o abismo da consciência científica que fala – pois hoje a consciência científica é um abismo – na goela desses trombeteiros, a palavra "ciência" é simplesmente uma obscenidade, um abuso, uma impudência.

É exatamente o contrário do que se afirma aqui que constitui a verdade; a ciência hoje *não tem a menor* fé em si própria, não aspira a um ideal superior; e onde ainda permanece de maneira geral paixão, amor, fervor, *sofrimento*, ela não é a antítese desse ideal ascético, senão *sua forma mais recente e mais nobre*. Parece estranho? É verdade que há hoje entre os sábios alguns valentes e modestos trabalhadores, muito satisfeitos em seu canto. Não o nego: por nada deste mundo quereria perturbar a felicidade desses operários em seu trabalho; fico feliz com o trabalho deles. Mas o fato de que hoje se trabalhe com rigor na ciência e que haja operários satisfeitos não prova de modo algum que a ciência em seu conjunto possui hoje uma finalidade, uma vontade, um ideal, uma paixão que manifeste grande fé. É o contrário, como foi dito. Quando não é uma manifestação do ideal ascético (trata-se de casos muito raros, nobres, excepcionais para poder inverter o senso comum), a ciência hoje é o refúgio do descontentamento, da incredulidade, dos remorsos, da *despectio sui* [desprezo de si], da má consciência; é precisamente a *inquietude* pela falta de ideal, o sofrimento diante da falta de amor, a insatisfação diante de uma *involuntária* facilidade de se satisfazer. Oh! Quantas coisas dissimula hoje a ciência! Quantas coisas precisa esconder!

A competência de nossos melhores sábios, seu ardor no trabalho estúpido, sua cabeça que ferve dia e noite, seu profissionalismo, quantas vezes não têm outro fim senão fechar os olhos à evidência de certas coisas! A ciência como meio de uma pessoa se aturdir, *conhecem isso?* Às vezes ocorre – alguém que frequenta os sábios sabe isso por experiência própria – que uma palavra os ofende, os coloca em atrito com seus amigos sábios, os deixa furiosos porque tentamos saber o que estão realmente fazendo, expõe *seres que sofrem* e que não querem confessar a si próprios, expõe seres entorpecidos e estultos que receiam somente uma coisa: *tomar consciência...*

24

Examinemos agora esses casos raros a que antes me referia, esses últimos idealistas que hoje se encontram entre os filósofos e os sábios. Deveriam ser considerados os *adversários* do ideal ascético, os *anti-idealistas*? De fato, eles assim se *acreditam*, esses "incrédulos" (pois todos o são, sem exceção); esta é sua última fé, pois são cheios de seriedade e nas palavras e atitudes se declaram apaixonados por esse ponto preciso. Mas é *verdade?...* Nós, "homens de conhecimento", desconfiamos de toda crença, nossa desconfiança nos levou a conclusões diversas daquelas de outrora; onde vemos a força de uma crença que se impõe, diante da pouca possibilidade de demonstrá-la, a consideramos como inverossímil. Não negamos que a fé "proporcione a beatitude"; mas, por isso mesmo, negamos que a fé prove alguma coisa; a fé profunda, que oferece a salvação, é motivo de suspeita, ela não confere fundamento à "verdade", ela confere certa verossimilhança de *ilusão*. Que ocorre nesse caso?

Esses negadores que se mantêm afastados hoje, esses espíritos intransigentes de uma só e única coisa, da exigência de retidão intelectual, esses espíritos duros, rigorosos, cheios de reserva, heroicos, honra de nosso tempo, todos esses pálidos ateus, anticristãos, imoralistas, niilistas, céticos, desprovidos de bom senso, doentios no espírito (todos são isso mesmo, num sentido ou em outro), esses últimos idealistas do conhecimento, os únicos em que hoje permanece a consciência intelectual e nos quais se tenha encarnado – de fato, eles se julgam tão livres quanto possível do ideal ascético, esses "espíritos livres, muito livres"; e contudo vou apontar-lhes uma coisa que não podem ver – porque se julgam os mais lúcidos – esse ideal ascético é justamente também *seu* ideal, são eles mesmos e ninguém mais que hoje o representam, eles mesmos são a criatura mais espiritualizada desse ideal, são sua vanguarda, a forma de sedução mais insidiosa, mais delicada, mais sutil. Se tiver algo de adivinhador de enigmas, essa é a tese que deve vingar!... Estão ainda a léguas de ser espíritos *livres*, pois *acreditam ainda na verdade*...

Quando no oriente os cruzados encontraram a Ordem invencível dos Assassinos, essa Ordem de espíritos livres por excelência, cujos filiados dos escalões inferiores viviam na mais estrita obediência, como não se havia visto em nenhuma ordem monacal, receberam também por algum canal uma indicação sobre o símbolo e a palavra que servia de sinal de reconhecimento, reservado unicamente aos escalões superiores, seu *secretum* [segredo]: "Nada é verdadeiro, tudo é permitido". Pois bem, aí se tem quem pertencia à *liberdade* de espírito, aí está quem *despedia* a crença na própria verdade Um espírito livre europeu, cristão, penetrou alguma vez no seio desse princípio e no labirinto de suas *consequências*? Conhece *por experiência* o minotauro dessa caverna?... Duvido, melhor, sei que não é assim; nada é mais estranho a esses intransigentes de uma só e única coisa, a esses que se dizem "espíritos livres", que a liberdade e a ausência de laços nesse sentido, com relação a nada estão justamente ligados de maneira mais firme do que na crença da verdade, como pessoa de outro, firmes e intransigentes. Talvez eu conheça isso de muito perto: essa venerável abstinência de filósofo, para quem tal crença é um dever, esse estoicismo do intelecto que acaba por se proibir o Não tão rigorosamente como o Sim, essa *vontade* de ficar no factual, no *factum brutum*, esse fatalismo dos "*pequenos fatos*" (*esse pequeno fatalismo*, como o chamo) no qual a ciência francesa procura no presente uma espécie de preeminência moral sobre aquela da

Alemanha, essa renúncia geral à interpretação (à atividade que consiste em fazer violência, rearranjar, abreviar, omitir, preencher, fabular, falsificar e àquilo que demonstra ainda a *essência* de interpretá-la em geral) – tudo isso, em resumo, exprime tanto o ascetismo da virtude como o exprime uma negação da sensualidade, qualquer que seja (não é fundamentalmente senão um modo dessa negação).

Mas o que obriga a isso, essa vontade de verdade incondicional, é a crença no próprio ideal ascético, embora sob a forma de seu imperativo inconsciente – que não nos iludamos a respeito – é a crença num valor *metafísico*, num valor *em si da verdade*, valor que o ideal ascético garante e consagra (esse valor se mantém e se expande com esse ideal). Não há, julgando a rigor, ciência "sem pressuposto"; uma ideia desse gênero de coisas é inconcebível, cheira a paralogismo: a ciência supõe uma filosofia, uma "crença" para que a ciência tenha uma direção, um sentido, um limite, um método, um *direito* à existência. (Aquele que entender as coisas em sentido inverso, que, por exemplo, exige basear a filosofia "numa base rigorosamente científica", terá necessidade para tanto de começar a pôr de pernas ao ar não somente a filosofia, mas também a própria verdade: o pior ultraje à decência, tratando-se de duas pessoas jovens tão respeitáveis!). Sim, nenhuma dúvida a respeito, e qui deixo a palavra a meu livro *Gaia Ciência* (livro V, p 263): "O homem verídico, verídico até o extremo que pressupõe sua fé na ciência, afirma por isso mesmo sua fé em outro mundo distinto da vida, da natureza e da história; e à medida que afirma esse outro mundo, não deverá negar o presente, o mundo, nosso mundo?... Nossa fé na ciência baseia-se sempre numa crença metafísica – nós também, homens de conhecimento hoje, nós sem-deus e antimetafísicos, continuamos a emprestar nosso fogo para o incêndio que acendeu uma crença milenar, essa crença cristã, que era também a crença de Platão, que Deus é a verdade e que a verdade é *divina*...

Mas se essa crença precisamente não cessa de perder sempre mais sua credibilidade, se nada mais se confirma como divino, a não ser o erro, a cegueira, a mentira – se o próprio Deus se confirma como sendo nossa *mais longa mentira*? Aqui convém fazer uma pausa e refletir longamente. A própria ciência requer uma justificação (o que não significa dizer que tenha uma). Pergunte-se às filosofias antigas e às mais recentes; nenhuma tem a menor consciência do grau ao qual a vontade de verdade requer primeiramente uma justificação; nisso subsiste uma lacuna de qualquer filosofia. De onde vem isso? É que o ideal ascético dominou até hoje toda a filosofia, que a verdade foi posta como ser, como Deus, como autoridade suprema, que jamais foi permitido à verdade ser problema. Compreende-se esse "foi permitido"?

A partir do momento em que se nega a crença no Deus do ideal ascético, existe igualmente um problema novo: aquele do valor da verdade. A vontade de verdade requer uma crítica – determinemos assim nossa própria tarefa – é preciso tentar pôr em dúvida de uma vez o valor da verdade... (Para quem acha essa formulação demasiado breve, recomenda-se que leia o trecho do livro *Gaia Ciência*, intitulado: "Em que somos ainda piedosos", p. 260 e seguintes, ou melhor ainda, o livro V dessa obra e igualmente o prefácio do livro *Aurora*).

25

Não me venham com a ciência, quando procuro o antagonista natural do ideal ascético, quando pergunto: "Onde está a vontade adversa, que exprime o ideal adverso?" Para este ofício não é bastante autônoma a ciência, pois também ela necessita de alguma coisa que justifique a sua fé em si própria. As suas relações com o ideal ascético não têm o carácter do antagonismo; são antes a evolução interna deste ideal.

Se o ataca, não o ataca em si mesmo, mas na sua forma, na sua rigidez, na sua dureza, no seu ar dogmático; mas conserva o seu princípio de vida. A ciência e o ideal ascético vivem no mesmo terreno, são ambos exageração do valor da verdade, uma crença de que a verdade está superior à crítica; por isso são necessariamente aliados; por isso é preciso combatê-los juntos; por isso se defendem juntos. A arte, seja dito de passagem, ao santificar a mentira e a vontade do falso, é mais oposto ao ideal ascético que a ciência; já o adivinhou Platão, e por isso foi o maior inimigo da arte. Platão contra Homero; eis um antagonismo completo, real – é grande caluniador da vida contra a *natureza do ouro*. – Por isso a vassalagem de um artista ao ideal ascético é o cúmulo da corrupção artística – por desgraça, muito frequente. – Ainda no terreno fisiológico, a ciência se apoia nas mesmas bases que o ideal ascético: ambos são um *empobrecimento da energia vital* – a mesma tibieza das paixões, a mesma lentidão na marcha, a dialética em lugar do instinto, a gravidade impressa no semblante e nos gestos, sinal infalível de cumprimento penoso das funções vitais. Vede na evolução de um povo as épocas em que predomina o sábio; são as épocas de fadiga, de crepúsculo, de decadência, já não há energia nem certeza de vida ou de futuro! A supremacia dos caciques, o advento da democracia, os tribunais de arbitragem, a emancipação da mulher, a religião da dor e da compaixão – são sintomas duma vida que declina (veja-se o prólogo da *Origem da tragédia).*

Esta "ciência moderna" é o melhor auxiliar do ideal ascético, é o mais inconsciente, o mais involuntário, o mais subterrâneo. Os "pobres de espírito" e os "raquíticos de espírito" desempenharam sempre o mesmo papel. Estas famosas vitórias dos homens de ciência, que conseguiram? O ideal ascético não foi vencido, mas espiritualizado, polido, aformoseado, a cada nova conquistada da ciência. A ruína da astronomia teológica, por exemplo, foi uma derrota do ideal ascético. Destruiu a vontade de resolver o enigma da vida? Não apareceu a vida como mais fortuita e mais necessitada de finalidade última? Não progrediu de Copérnico para cá a tendência de se humilhar? Não ficou convertido num animal desprezível o que antes era quase um Deus (Filho de Deus, Deus feito homem)?... Desde Copérnico que o homem rola pelo declive; para onde? Para o nada? Mas isto é o verdadeiro convite para o ideal antigo... Todas as ciência (e não só astronomia, aniquiladora do homem, segundo Kant), todas as ciências naturais ou *antinaturais* – assim chamo à crítica da razão por si mesma – trabalham hoje por destruir o antigo respeito de si próprio e por honrar o seu ideal austero e rude de ataxia estoica, por dar culto ao desprezível "desprezo de si próprio". Mas é isto trabalhar contra o ideal ascético? Julga-se a sério, como julgavam os teólogos, que a *vitória* de Kant prejudica este ideal?

Deixemos de parte a questão de saber se Kant teve alguma vez desejo de prejudicar. O que é certo é que todos os filósofos transcendentes, depois de Kant, se emanciparam da tutela teológica. Kant apontou-lhes um rodeio que pudessem satisfazer com as científico "os desejos do seu coração". para que censurar os agnósticos, se, cheios de veneração pelo desconhecido, pelo mistério, o adoram como Deus? (Xavier Doudan o inteligível em vez de ficar com o desconhecido" e crê que os antigos não conheceram este abuso).

Se supomos que o conhecimento do homem, longe de satisfazer os seus desejos, os contraria, não é uma escapatória verdadeiramente divina o lançar a culpa, não aos desejos, senão ao próprio conhecimento? Não há conhecimento; *logo* há Deus; que nova elegância silogística! Que triunfo do ideal ascético!

26

A história moderna tomará algum dia melhor atitude ante a vida e o ideal? A sua pretensão suprema é a de ser um espelho; repele toda a teologia; não quer já provar nada; não quer ser juiz; nisto julga mostrar o seu bom gosto; nem afirma nem nega; fez constar, "descreve"... Mas tudo isto é ascetismo em alto grau, é niilismo. Nota-se no observador um olhar triste, duro, resoluto; *olha para o longe,* muito para o longe. Não vê mais do que neve; não há vida; as gralhas dizem: "E para quê?" Em vão! "Nada!" Nada cresce; talvez a metafísica russa de Tolstoi. E nesta outra variedade de historiadores "mais moderna" ainda, sensual e voluptuosa, que namora a vida e o ideal ascético, que se serve da palavra "artista" como de uma luva branca e que monopoliza hoje o panegírico da vida contemplativa, oh! Este açúcar intelectual, quanta sede nos dá dos antigos ascetas! Para o diabo todos estes contemplativos!

Prefiro os historiadores niilistas, brumosos e frios. E prefiro ainda um espírito ante-histórico (como Durhing, que hoje na Alemanha leva a palavra ao proletariado intelectual, a *species anarchistica).*

Estes contemplativos são cem vezes piores! Que nojo me causam estes pisa-verdes históricos, meio sacerdotes, meio sátiros, à Renan, que, com a vozinha aguda das suas homilias demonstram o que lhes falta demonstram onde as tesouras das Parcas exerceram o seu cruel ofício! Estes comediantes irritam-me mais do que a própria comédia, mais do que a história! Fantasias anacreônticas sobem-me ao cérebro. A mãe Natureza, que deu ao touro os cornos, e ao leão as presas, para que me deu a mim a ponta dos pés^Para pisar, Benedito seja Anacreonte e não apenas para fugir. Para espezinhar os caldeirões podres, o covarde contemplativismo, a lúbrica posição de eunuco perante o historicismo, o namoro aos ideais ascéticos, o tartufismo equitativo da impotência! Tenho o maior respeito pelo ideal ascético, desde que seja sincero! Desde que seja convicto e não uma farsa! Mas não suporto todos esses percevejos dengosos que têm a insaciável ambição de cheirar o infinito até que o infinito acaba por cheirar a percevejos; não suporto jazigos caiados a imitar a vida; não suporto todos esses fatigados e alquebrados que se vestem de sabedoria e lançam olhares "objetivos"; não suporto esses agitadores mascarados de heróis que trazem nas cabeças de alho chocho o ideal sob a forma de capuz de invisibilidade; não suporto também esses artistas ambiciosos que querem dar-se ares de ascetas e sacerdotes e no fundo são apenas trágicos palhaços; não suporto esses mais recentes especuladores do idealismo , os antissemitas, que reviram os olhos muito dignos de cristãos arianos e me fazem perder a paciência pelo abuso do que há de mais reles, a atitude moralista, como meio de agitação para sublevar os elementos bovinos do povo. (O facto de toda a espécie de mistificação ter infalível êxito na Alemanha de hoje relaciona-se com o já inegável e flagrante estiolamento do espírito alemão cujas causas se encontram no regime alimentar exclusivamente composto de jornais, política, cerveja e música de Wagner acrescido daquilo que é o pressuposto dessa dieta: em primeiro lugar a estreiteza e vaidade nacionais, o princípio forte mas acanhado do "Alemanha, Alemanha acima de tudo" e, em segundo lugar, a paralisia agitante das "ideias modernas". A Europa é, hoje em dia, rica e pródiga sobretudo em estímulos; parece que o que mais necessita são "stimulantia" e aguardente; daí a monstruosa falsificação dos ideais, essa superlativa aguardente do espírito e daí também essa atmosfera viciada, fétida, hipócrita e pseudo-alcoólica que se respira. Gostaria de saber quantos carregamentos de idealismo de contrafacção, de guarda-roupa heroico, e de oratória tilitante, quantas toneladas de adocicada e licorosa compaixão (da marca: "La religion de la souffrance) quantas muletas de "nobre indignação" para auxílio de palmides intelectuais, quantos comediantes do ideal cristão e moral teriam que ser exportados para desanuviar esta atmosfera... Por Anacreonte! Para desterrar e exportar da Europa estes comediantes do ideal cristão e moral... Poderíamos fazer com eles um novo *comércio*. Quem quererá tomar este negócio? Nas nossas mãos está tudo quanto é preciso para idealizar a terra! Bastam mãos pouco escrupulosas. Oh, muito pouco escrupulosas...

27

Deixemos estas curiosidades e complexidades do espírito moderno, onde tanto achamos que rir e que chorar! O nosso problema de finalidade, do ideal ascético, pode passar sem elas! Tratarei delas mais detidamente noutro estudo! Com o título de *História do niilismo europeu*, e pode consultar-se uma obra que estou preparando, *A vontade do domínio – Ensaio de uma transmutação de todos os valores*. Por agora basta indicar que o ideal ascético, ainda nas mais altas esferas da inteligência, só tem uma espécie de inimigos: os comediantes deste ideal. Ainda o ideal na aparência mais inimigo, a obra mais séria de energia o probidade, o "ateísmo" não é de modo algum contrário ao ideal ascético. O ateísmo é também uma vontade, um resto de ideal ascético, a sua forma mais severa, mais espiritualizada, mais esotérica, mais pura.

O ateísmo absoluto, leal (única atmosfera que respiramos gostosamente) é a última fase da evolução ascética, uma das suas formas finais, uma das suas consequências íntimas; é a imponente *catástrofe* de uma disciplina vinte vezes secular do instinto da verdade, que, no fim e ao cabo se proíbe a si mesma a *mentira da fé em Deus.* (Na Índia verificou-se a mesma evolução, o que demonstra a minha tese; ali o mesmo ideal chegou à mesma conclusão, cinco séculos antes da era cristã, com a filosofia *sankhya,* popularizada mais tarde e erigida em religião por Buda). Quem foi que *ganhou a vitória sobre o Deus cristão?*

A resposta acha-se na minha obra *Gaia ciência,* a fls. 357: "A moral cristã; a noção de sinceridade aplicada com rigor crescente; a consciência cristã aguçada nos confessionários e transformada em consciência científica, em pureza intelectual; o considerar a Natureza como se fosse uma prova de bondade e providências divinas; o interpretar a história em honra de uma razão divina e como prova constante de um finalismo moral; o interpretar o nosso destino do modo como o fizeram os homens piedosos vendo em tudo a mão de Deus e o bem da nossa alma; são modos de pensar antigos, contra os quais se ergue a voz da nossa consciência, como inconvenientes, desonestos, mentirosos, afeminados, cobardes; e esta severidade de consciência é a que nos faz herdeiros da mais valiosa vitória que a Europa conseguiu sobre si mesma..."

Todas as grandes coisas perecem por si próprias por autossupressão: assim o quer a lei da vida, a lei de uma fatal vitória sobre si mesmo, a lei que diz ao legislador: *patere legem quam ipse tulisti.* Assim o cristianismo enquanto *dogma* foi arruinado pela sua moral; e pressentimos que o cristianismo enquanto *moral* há-de arruinar-se também. O instinto cristão em verdade, de dedução em dedução, há-de chegar finalmente a estabelecer este problema: *Que significa a vontade da verdade?...* E aqui estou vez no meu problema, no nosso problema, oh amigos desconhecidos! (porque não conheço ainda a nenhum amigo): que seria para nós a vida inteira se esta vontade da verdade não tomasse em nós consciência de si mesma enquanto problema? A vontade da verdade, uma vez que seja consciente de si mesma, será a *morte* do mal: é o espetáculo grandioso reservado aos dois próximos século da história europeia; espetáculo terrível entre os terríveis, mas talvez fecundo de magníficas esperanças.

28

Se abstraímos do ideal ascético, vemos que o homem não teve até agora finalidade alguma. A sua existência sobre a terra carece de objectivo. "Porque existe o homem?" Eis uma pergunta sem resposta; o homem e a terra não tinham liberdade; em cada passo do destino humano ressoava este grito. "Em vão!" Eis a finalidade de todo o ideal ascético; queria dizer que em volta do homem havia uma imensa *lacuna;* são sabia justificar-se a si mesmo, interpretar-se, afirmar-se; sofria ante o problema da vida. E sofria de muitas maneiras; era antes de tudo um animal *doente,* o seu problema, porém, não era a dor, mas a razão da dor. "O homem o animal mais valoroso e enfermiço, não repele a dor, antes a procura, contanto que lhe digam o porquê".

Esta falta de finalidade na dor é a maldição que pesou sempre sobre a humanidade. Agora bem: o ideal ascético apresenta uma finalidade. Era a única; alguma coisa é melhor do que nada; no ideal ascético era o "mal menor" por excelência. Ele explicava a dor; enchia um imenso vácuo; fechava a porta ao niilismo. A interpretação que dava da dor trazia uma dor nova mais profunda, mais íntima, mais envenenada; disse que era o castigo de uma falta... Mas, apesar de tudo, o homem alcançava uma finalidade, não era já a folha levada pelo vento, o ludíbrio do acaso cego; podia querer para diante alguma coisa, fosse o que fosse: *estava salva a vontade.* Não pode negar-se a natureza desta direção asceta: este ódio a tudo quanto era humano, quanto era animal, a tudo quanto era material, aos sentidos, à razão, à felicidade, à saúde, à beleza, à forma, à mudança, ao movimento, ao esforço, ao desejo; tudo isto significa uma *vontade de aniquilação,* uma hostilidade à vida, uma negação das condições fundamentais da existência; mas era ao menos *uma vontade!...* Repito o que a princípio disse: O homem prefere a *vontade do nada ao nada da vontade.*

VIDA E OBRAS DO AUTOR

Friedrich Wilhelm Nietzsche nasceu em Röcken, Alemanha, no dia 15 de outubro de 1844. Órfão de pai aos 5 anos de idade, foi instruído pela mãe nos rígidos princípios da religião cristã. Cursou teologia e filologia clássica na Universidade de Bonn. Lecionou Filologia na Universidade de Basileia, na Suíça, de 1868 a 1879, ano em que deixou a cátedra por doença. Passou a receber, a título de pensão, 3.000 francos suíços que lhe permitiam viajar e financiar a publicação de seus livros. Empreendeu muitas viagens pela Costa Azul francesa e pela Itália, desfrutando de seu tempo para escrever e conviver com amigos e intelectuais. Não conseguindo levar a termo uma grande aspiração, a de casar-se com Lou Andreas Salomé, por causa da sífilis contraída em 1866, entregou-se à solidão e ao sofrimento, isolando-se em sua casa, na companhia de sua mãe e de sua irmã. Atingido por crises de loucura em 1889, passou os últimos anos de sua vida recluso, vindo a falecer no dia 25 de agosto de 1900, em Weimar. Nietzsche era dotado de um espírito irrequieto, perquiridor, próprio de um grande pensador. De índole romântica, poeta por natureza, levado pela imaginação, Nietzsche era o tipo de homem que vivia recurvado sobre si mesmo. Emotivo e fascinado por tudo o que resplende vida, era ao mesmo tempo sedento por liberdade espiritual e intelectual; levado pelo instinto ao mundo irreal, ao mesmo tempo era apegado ao mundo concreto e real;

religioso por natureza e por formação, era ao mesmo tempo um demolidor de religiões; entusiasta defensor da beleza da vida, era também crítico feroz de toda fraqueza humana; conhecedor de si mesmo, era seu próprio algoz; seu espírito era campo aberto em que irromperam as mais variadas tendências, sob a influência de sua agitada consciência.

Espírito irrequieto e insatisfeito, consciência eruptiva e crítica, vivia uma vida de lutas contra si mesmo, de choques com a humanidade, de paradoxos sem limite. Assim era Nietzsche.

Impressão e Acabamento:
Gráfica Oceano